聖職と労働のあいだ

聖職と労働のあいだ

「教員の働き方改革」への法理論

髙橋 哲
Satoshi Takahashi

岩波書店

目次

目次

序 章 「働き方改革」vs.「教育の充実」の罠
――なぜ問題なのか、なにを問題にしなければならないのか？

わたしたちは、教師の働き方を考えるうえで、それがなぜ重要な問題なのか、なにを問題として考えるべきなのかを今一度問わなければならない。その問いに向き合う視座として、わたしたちは教師の働き方をめぐる問題が、教師の長時間労働をめぐる問題にとどまらず、子どもの成長、発達への権利をめぐる問題であることを共有する必要があるように思われる。

1 「〇〇くんだけに付き添っていることはできない」

以下は、ある家庭で話題となった、子どもへの教師の対応をめぐる不満の一場面である。

小学校六年生のある子どもは、幼少期に自閉スペクトラム症の可能性を地域の療育センターにて診断されていた。軽度の特性ではあるものの、この子は、教師が黒板に書く文字をノートに書き写すことができず、また、教師がクラス全体に口頭で行う説明を理解することができなかった。このため、忘れ物が多く、求められた提出物も出せないことが多々あった。特性を理解できない教師からは、「やる気がない」と認識され、通知表でも「主体的に学習に取り組む態度」なる項目がいずれの学年、教科でも低く評価されてきた。両親は、小学校での成績が低く評価されても構わないと考えていたが、六年生ともなり、本人も周りの子どもとの関係が気になるようになっていた。

六年生の秋になり、卒業が見えてきた際に、この子が所属するクラスでは、子どもたちの集団的団結力を高めることを名目に、体育の時間に毎回、クラスをグループ分けし、リレーで競わせるようになった。またこのクラスの先生は、子どもたちを盛り上げるために、リレーのルールを毎回細かに変えるというアレンジをしていた。例えば、短距離走が得意な子どもと、長距離走が得意な子どもがいるため、奇数の順番の走者はトラック半周、偶数の走者はトラック二周などとしたり、あるときは、何番目かの走者の子には、「片足ケンケン」だけ、あるいはスキップで走ることにした。ルールをめまぐるしく変えることで、どのチームにも勝利の可能性のある工夫がなされていた。実際、多くの子どもたちはレースのたびに変わるルールを楽しみ、このリレーの授業は大いに盛り上がっていたようだ。

ところが、先の特性のある子どもにとって、この時間は苦痛となってしまった。毎回めまぐるしく変わるルールを、この子は理解できないのだ。先生がルールの説明を一斉に行うと、他の子たちはそのルールをすぐに理解して、自分たちのバトンが渡される位置に向かい、次の「走り方」を実行するための準備をする。しかし、この子はルールが理解できないため、自分がそもそも次のスタートまでにどこで待機するのかが分からない。さらには、二周走らなければならないところを一周で立ち止まってしまったため、それまでのチームのリードを台無しにしてしまったり、ルールで決められた走り方とは違うことをしてしまったり……。こうしたなか、この子はチームの「お荷物」となってしまい、グループ内の子どもに非難されたり、他のチームの子からもルールを守らず「ズル」をしているなどとなじられてしまった。

この経験が一度ならよかったかもしれない。しかし、こうした授業は卒業間近の「団結力」を高めるため、二学期が終わるまで長期的に続けられた。この子は毎回、リレーを通じて劣等感を覚え続け、クラスメートたちに非難され続け、ついには「学校を休みたい」と言い出した。

みかねた両親は、先生に状況を説明し、リレーの際にルールを個別に説明したり、次の立ち位置を教えてもらえないかと頼むことにした。この子の特性については、一年生の頃から学校に伝えてきたし、この六年生の担任教師にも、新年度が始まる際に説明をしてきた。きっと先生は分かってくれるだろうと思っていた。子どもが学校を休んだ際に、意を決して学校に電話し、リレーの際に個別の配慮をしてもらえないかと頼んでみた。

だが、それに対する答えは、「一人一人に個別対応するわけにもいきませんので……(それはできません)」というものであった。「特性は理解しますが、それは○○くんが努力して乗り越えなければいけない課題ですよね。もう六年生ですし。そもそも、子どもがたくさんいるなかで、○○くんだけにずっと付き添っていることはできないんですよ」という言葉に、両親は愕然とした。

特に母親は、電話越しに涙をながしながら、語気を強めた。「○○は努力してないからできないのではなく、そうした特性だからできないのです。どうして、リレーのときにちょっと配慮してもらうことができないんですか！」と。これに対して先生は、「配慮が必要な子たちは他にもいますので、○○くんだけを構うわけにはいかないんです」と答えた。

母親は、電話を切った後、「結局学校は何も分かってくれない。必要な配慮をしてくれない」と憤り、担任教員や学校への不信感を強めていった。学校はこの子どもが他の子たちと楽しく安心して過ごすためのニーズをまったく満たしてくれない、と。

2 「ささいな日常」の映す本質

このような親(保護者)と学校とのやりとりは、多くの学校で毎日のように起こっていることだろう。報道や研究者がとりあげる親と学校のトラブルは、深刻な事態を伴ういじめ、体罰、不登校などのケースが多いが、日常の学校は前記のような「ささいな事件」にあふれている。この結果、親にとっては学校や教師が悪者に、そして、教師においては、無理な要望を持ちかける親が「モンスター」となる。こうして、学校と親との対立が深刻化していくケースはありふれている。そして、大方、親、保護者や報道の多くはこの問題を教師の「努力不足」や「非常識」として問題視し、学校批判を助長してきた。また、学校現場における教師の不祥事や、体罰、校則問題等にみられる子どもの人権侵害の現実も、このような学校・教師批判を後押しし、親の学校に対する不信感を深めてきたといえる。

そして政治家たちは、このような親たちや悪しき学校経験を持つ人々の不信感を利用し、教師を「懲らしめる」ための人気取り政策を次から次へと繰り出してきたのである。こうして、学校教師たちと、親たちの「分断」状況が形成されてきた。

しかしながら、ここで問いたいのは、前記のような問題は、果たして「教師の努力不足」といえるのか、あるいは、子どもを思いすぎる「親のわがまま」として処理してしまっていいのか、という問題である。子どもを思う親の気持ちや、子どもの生まれ持った特性を理解してもらいたい、学校に対応してもらいたいという気持ちは、わがままでもないし、ましてや「モンスター」でもない。この要望を拒絶することは、学校のルールに順応できない子どもたちを、学校から排除することになるし、実際に排除されてきた子どもたちもたくさんいる。二〇二〇年度に全国の小・中学校で一九万人を超え、年々増え続けている「不登校」(長期欠席児童生徒)の子どもの数もその証左であろう(1)。

ではやはり、この状況を生み出しているのは、子どもや親の要望を理解しようとしない、あるいは、対応するための努力をしない教師たちの「努力不足」なのだろうか。もちろん、もう少しの教師の努力で解決される問題や、教師が頑張らなければならない場面もあるであろうし、ここではそのような教師の責任を免罪するつもりはない。前記のような特性をもった子どもを「さらしもの」にするような実践は、事実上、子どもを教室から排除する所作であり、日本政府も批准する子どもの権利条約三条一項に定められた「子どもの最善の利益」、あるいは、障害者権利条約五条三項に定められた、障害者差別を撤廃するための「合理的配慮」にも反するものであろう。さまざまな特性をもった子どもたちが、排除されることのない実践のあり方こそが求められており、その意味で、前記の事例は明らかに「アウト」な実践として即座に是正されるべきである。

他方で、「子どもの最善の利益」、「合理的配慮」など聞いたことがない、あるいは、言葉を知っていても、その意味を理解していない、さらには、この概念と実践が結び付かない教師が少なからず存在する事実をどのように理解すべきだろうか。それは、やはり教師個人の勉強不足の問題なのか、あるいは、そのような重要な概念を研修等で徹底しない行政側の問題なのか、それとも、自主的な研修も行政研修もできないギリギリの時間で学校現場が回っていることが要因なのか。

同様の事例があったときに「子どもの権利」や「合理的配慮」論を持ち出して、当該教師を批判することや、教師の「意識論」に訴えかけることは、ある意味ではたやすいことであり、実際に多くの知識人や研究者がそのようなアプローチをしてきたのも事実である。しかしながら、大多数の教師がこれらの概念を「意識していない」、「意識できない」という、いわば「普通」の教師が同じ状況に置かれ、同様の実践をしかねないという「構造的問題」にこそ焦点をあてる必要がある。問われるべきは、教師が子どもや親の要求に応えられないという現実を、教師の個人責任としてのみ処理してしまっていいのかという論点である。言いかえるならば、前記のような問題が起こったときに、親をして「教師の努力不足」を問える環境に、学校や教師たちは置かれているのだろうか、という問題である。

私たちは子どもや親の要望が「モンスター」とされないためにも、この問題を考える必要がある。

3　苦痛にあえぐ教師の声

実際に、教師たちはいま、生命の危機にある。二〇一八年九月二七日に公表された文部科学省(以下、文科省)の「教員勤務実態調査(確定値)」によると、一週あたりの学校内平均勤務時間は、中学校教諭で六三時間二〇分、小学校教諭で五七時間二九分にのぼっている。注目すべきは、労働基準法(以下、労基法)に定められた法定週四〇時間の上限を大きく超越し、単純計算で、一月あたりの法定時間外労働が、中学校教諭で平均九三時間二〇分、小学校教諭で六九時間五六分に及んでいる点である。厚生労働省(以下、厚労省)は一月あたり八〇時間の時間外労働を「過労死ライン」としているが[2]、中学校教諭においては約六割、小学校教諭も三割超がこの過労死ラインを越えている。また二〇一九年六月二〇日に公表された「OECD国際教員指導環境調査(TALIS)」でも、中学校教諭の一週あたりの勤務時間が五六・〇時間、小学校教諭の勤務時間も五四・五時間で、いずれも五年前に行われた調査と同様に調査対象国と比較して「世界最長の勤務時間」であることが明らかとなっている[3]。

このような公立学校教員の過酷な労働条件が社会的に知られるなかで、公立学校教員の採用倍率は軒並み低下することになった。小学校、中学校の教員採用倍率がともに最も高かった二〇〇〇年度において、小学校が一二・五倍、中学校が一七・九倍であったのに対して、最新統計の二〇二〇年度においては、それぞれ二・七倍、五・〇倍へと落ち込んでいる。高校に関しても最も倍率の高かった二〇〇七年度の一七・九倍に対して、二〇二〇年度は六・一倍となっている。さらには、二〇二〇年度の採用倍率低下の深刻度は地域ごとにも偏りが生じており、小学校では佐賀県、長崎県にて一・四倍、中学校では北九州市が二・五倍、茨城県が二・六倍となったことが報告されている。(4)

4　労働者と「聖職者」の分断?

なぜ教師という仕事は、これほどつらい仕事になってしまったのか? この現実を問うことは、教師がなぜ子どもや親の教育要求に応えられないのかを問うことと同義であると思われる。この構造的な問題を解かなければ、親と教師の間の対立は繰り返され、両者の意図せぬ「分断」はますます深刻化するばかりである。

また、この構造的問題が生み出している分断は、親と教師たちの分断に留まらず、学校のなかでの教師間の分断をも生み出している。すなわち、「子どもたちのために」と時間外労働を惜しまぬ教師たちと、子どもたちのためであろうとも教師の労働者の権利を主張し、正規の勤務時間を遵守すべきと考える教師たちとの分断である。

近年では、教員の長時間労働を教師の「意識の問題」と考え、「子どもたちのために」と時間外勤務を受け入れている教師の態様を「聖職メンタリティー」として非難する風潮も存在する。[5] しかしながら、長時間労働の原因を「子どもたちのために」という意識の問題とすることや、「教師の労働者としての権利」と「子どもの学ぶ権利」を二項対立図式で考えることは、正確な構造把握とはいえない。このような二項対立図式は、現在の限られた条件のなかで、どちらかを選ばなければならないという状況でつくられた対立だからだ。

それゆえ、ここでは「子どもたちのために働くこと」と「教師の労働条件」を対立関係で捉えるのではなく、どちらかの選択を余儀なくさせている「構造」ないし「条件」にこそ目を向けなければならない。この構造的問題を明らかにすることは、親と教師、そして学校内の教師間の分断状況を乗り越える一助になると思われる。

この構造的問題を検討するために、本書が注目するのは、教師の給与、労働時間等の労働条件を取り巻く法制度である。なかでも、労働者の働き方に関する基本ルールからみて、学校教員がいかに特殊な扱いがなされているのか、そのことにより、過労死ラインを超える長時間労働を教師に強いることがなぜ合法化されてしまっているのかを検討したい。そこでは、近年、社会問題となりつつある「給特法」(正式名：公立の義務教育諸学校等の教育職員の給与等に関する特別措置法)という教員に特殊な働き方を適用する法律に注目したい。現職教員らの悲痛な訴えにより、給特法がいかに悪法であるか、という問題は社会に広く周知されることとなった。そしてそこでは、給特法が労基法の基本ルールをいかに逸脱しているかが取りざたされ、なかでも、いくら時間外労働をしても、残業手当が支給されない「タダ働き」状態となっている問題がクローズアップされた。それゆえ、給特法を廃止して労基法の一般ルールを適用せよ、との主張も声高に説得力をもってなされている。

もちろん、本書でもこの給特法の法的問題をクローズアップするわけだが、本書の基本スタンスは、給特法を論じるだけでは、あるいは給特法を廃止することのみでは、教員の働き方の問題を解決することはできないというものである。教員の無定量な労働時間は、給特法の特殊ルールのみが問題なのではなく、教員が自らの労働条件や業務に対して一切意見表明ができないという当事者排除の構造にこそ問題があるからである。この構造的問題を把握するためには、戦後教育改革によって形成されてきた教員給与の法的仕組みや、そこで除外された教員の労働基本権をめぐる問題をも検討しなければならない。

5 本書の構成

そこで本書では、教師の働き方を取り巻く法制度の問題を以下の三つのパートに分けて論じたい。いずれもある程度独立したテーマを扱っているため、読者におかれては、関心のある箇所からお読みいただければと思う。

第I部では、この教員に特殊な仕組みがいかにつくられてきたのかを、教員の給与、労働条件全般をめぐる法制度の成立過程をみることで検討したい。第1章は、戦後教育改革から給特法の成立を含め、教員をとりまく現在の法制度の基本構造ができあがるまでの時期について論述する。第2章では、特に二〇〇〇年代以降の構造改革により、これらの基本構造がどのように変容したのか、またそれがいかに教師を追い詰める仕組みへと変貌したのかを論じたい。

第Ⅱ部では、教員の働き方改革をめぐる「本丸」に位置づけられる給特法問題をとりあげる。第3章では、給特法が労基法からみてどのような特殊ルールを教員に適用しているのか、また、給特法制定時の立法者意思がいかなるものであったのかを、当時の国会審議分析を通じて明らかにする。第4章では、教員の働き方改革が社会的問題となるなか、二〇一九年一二月に成立した改正給特法の問題について、一年単位の変形労働時間制と時間外勤務の上限指針を中心に検討する。第5章では、給特法のもとで文科省が示す「労働時間概念」の矛盾と問題点を、学説、判例によって積み重ねられてきた「労基法上の労働時間」の観点から示す。この分析により、給特法が労働時間規制からみて「ザル」法となっている根本要因を追究する。

これら第Ⅰ部と第Ⅱ部の内容を読んでいただいた読者には、おそらく日本の教育政策の「闇」を示すことになり、特に教師を目指す人々に心配や不安を煽ってしまうことになるかもしれない。それゆえ、第Ⅲ部においては、このような、教員の働き方改革、ないし、教育政策の「闇」を切り開く、「出口」のあり方を示したいと思う。

第一に、給特法を含めた現行法のもとで展望しうる「出口」として、埼玉教員超勤訴訟をとりあげる。第6章では、敗訴を重ねてきた従来の超勤訴訟からみて、この訴訟の主たる争点、すなわち、教員の時間外労働が「労基法上の労働時間」に該当するかを問うことが、なぜ重要なのか論じたい。第7章では二〇二一年一〇月一日にさいたま地裁にて言い渡された埼玉教員超勤訴訟第一審判決を分析し、その到達点と課題について検討する。

第二に、第8章では現行法制の改廃を含めたあるべき立法政策を考える素材として、アメリカの団体交渉方式にもとづく教員の勤務時間管理のあり方を検討する。アメリカの制度モデルに着目するのは、教員が、民間労働者の最低労働条件を定めた基準立法から「専門職」として適用除外されるという日本との共通点を有しながらも、教員組合を通じた団体交渉により、教員に固有な勤務時間管理ルールが形成されるという特徴をもつからである。本書ではアメリカの勤務時間管理をめぐる法的仕組みを手がかりとして、法改正のあるべき「出口」を提示したいと思う。

＊＊＊

本書が、このような主題によって構成されたのは、子どもや親の声が学校に届いてほしいと思うし、そのような声がちゃんと受けとめられる学校であってほしいと思うからである。いかなる子どもにとっても、学校は安心して楽しく通える場所であってほしいし、親もそのように願っていることだろう。おそらく、多くの教師たちも、そのような子どもや親の願いに真摯に向き合いたいと思って教師という職を選んだろうし、少なくともそのような願いを無視したい、無視していいと思う教師はほとんどいないだろう。

ある意味で理想論的ではあるが、子どもや親のあたりまえの願いが受け容れられる、そして教師も子どもたちの成長や発達に主体的に関われる、学校はそんな場所であってほしい。そのためには、現在の「教育政策の体たらく」によってもたらされている教師と親の分断を乗り越えなければならない。学校が、両者の協働を生み出すような場所であるためには何が必要か。そのためには、少なくとも、教師が過労死寸前で働くような異常な労働環境が改善されなければならない。「子どものために」と考える教師たちが、過労死の危機に晒されたり、自らの労働者としての権利を犠牲にしなくてもよい場所に学校が変わらなければならない。

親はどんなに教師に不満や不平を伝えることができても、教師に代わってチョークを握り黒板の前に立って日々の教育活動を担うことはできない。親の教育要求は、いくら校長や教育委員会に文句を言えたとしても、やはり教師を通してしか実現できないのだ。ならば、その教師を非難し、制裁をあたえることに固執するのではなく、かれらの教育実践を励まし、育てていかなければならない。そして何よりも、教師が子どもや親の要求に応えることを可能にするような教育条件を整えていくことが必要なのだ。教師の個人責任や努力不足を問う前に、やるべきことが多くある。それをともに考えようではないか。

【注】

（1）文部科学省「令和二年度 児童生徒の問題行動・不登校等生徒指導上の諸課題に関する調査結果について」二〇二一年一〇月一三日六六頁（https://www.mext.go.jp/content/20201015-mext_jidou02-100002753_01.pdf 二〇二二年一月一五日最終閲覧）。

（2）厚生労働省労働基準局長「脳血管疾患及び虚血性心疾患等（負傷に起因するものを除く。）の認定基準について」（基発一〇六三号 平成一三年一二月一二日）。

（3）国立教育政策研究所編『教員環境の国際比較―OECD国際教員指導環境調査（TALIS）2018報告書―』ぎょうせい、二〇一九年、七二―七三頁。

（4）文部科学省総合教育制作局教育人材政策課「『令和2年度公立学校教員採用選考試験の実施状況』及び『令和の日本型学校教育を担う教師の人材確保・質向上プラン』について」『教育委員会月報』七二巻一二号、二〇二〇年、一一頁。

（5）内田良「教員の負担軽減阻む『聖職者メンタリティー』の罠」東洋経済オンライン二〇二二年一月一一日(https://toyokeizai.net/articles/-/476982　二〇二三年一月一五日最終閲覧)。

第Ⅰ部 給特法の制定までとその後

――なぜ、つらい職業となってしまったのか？

第1章　教員給与の法制史
――「あるべき給与体系」をめぐる相克

1　はじめに――なぜ教師の労働条件は重要なのか

本章では、教師の給与や勤務時間、その他の労働条件を定めている法的仕組みがどのように形づくられてきたのかを論じる。ここでは、現在までの約五〇年間に渡って教師の待遇を規定してきた、給特法の成立期までを区切りとして検討したい。

その前に、「なぜ教師の労働条件が子どもの学習する権利との関係で重要なのか」という序章での問いを継続し、やや学術的な観点から改めて確認しておきたい。先にもみたように、教師の多忙化の要因が、いわゆる「子どものため」として行われてきた教育活動の肥大化にあると指摘されている。これをもとに、教師の「労働者としての権利」と子どもの「学習する権利」が対立したトレードオフ（利益背反）の関係にあると捉えられることもしばしばある。そこでは、「子どもの権利だけでなく、もっと教師の『労働者としての権利』を強調すべきだ」と主張される。しかし本章では、教師の労働条件が改善されなければならない根拠は、教師の

「労働者としての権利」のためだけでなく、むしろ子どもの「学習する権利」の保障のためにあることを確認しておきたい。

第3章で詳述するように、憲法二七条一項は、「勤労の権利」(労働権)を定め、二項はこの権利を保障するため「賃金、就業時間、休息その他の勤労条件に関する基準は、法律でこれを定める」としている。憲法は、労働者の労働条件を市場の論理や、使用者側の優位に委ねるのではなく、その最低基準を法律によって定めることを命じている。これが「勤労条件基準の法定主義」と呼ばれる原則である。この原則を具体化する法律の代表ともいえるのが労働基準法(以下、労基法)である。

公立学校教員に関しては、労基法の基本原則が適用されながらも、給特法により、労基法とは異なる特殊ルールが採用されることとなり、それが無定量な時間外勤務の温床となっていることが指摘されてきた。しかしながら、労基法はその名の通り、労働者の労働条件の最低基準を定める法律であることから、仮にこの最低基準を下回る労働条件で働かされていた場合、その労働条件は無効となり、労基法に定められた労働条件が適用されることになる。このため、給特法をめぐる議論においては、給特法がどのような例外を定める法律なのか、また、その特殊ルールが労基法の最低基準を下回っていないのか、という点が見極められなければならない。

これが労基法の基本ルールから見た本筋ではあるものの、教師の労働条件をめぐる議論においては、労基法の最低基準を満たしているか、という問いにとどまらぬ要素を検討する必要がある。それが、教師の労働条件は、教師個人の生活条件であると同時に、子どもの学習条件でもあるという要素である。すなわち、子どもの教育を受ける権利を保障する上で、教育の担い手である教師にはそれに見合う適正な労働条件が保障されているのか、という固有な問いを立てる必要がある。いわば、教師の労働条件が適正に保障されていないところでは、子どもの教育を受ける権利も十全に保障されることが不能となるという相関関係がみられるのである。この要素を考える上では、憲法二六条に定められた「教育を受ける権利」とはいかなる権利なのかを考えなければならない。

（1）教師の労働条件は子どもの教育条件でもある

憲法二六条一項に定められた「教育を受ける権利」は、子どもの学習権保障を求めるものであることが、憲法学、教育法学における通説とされている。[1] この「学習権」とはいかなる概念だろうか？

一九六一年度に当時の文部省より強行実施された「全国一せい《ママ》学力テスト」をめぐって、憲法二六条違反等が問われた裁判がある。この裁判の一九七六年の判決において、最高裁は憲法二六条の定める「教育を受ける権利」の内実を子どもの「学習する権利」であると宣言し、以下のように定義づけている。

> この規定の背後には、国民各自が、一個の人間として、また、一市民として、成長、発達し、自己の人格を完成、実現するために必要な学習をする固有の権利を有すること、特

に、みずから学習することのできない子どもは、その学習要求を充足するための教育を自己に施すことを大人一般に対して要求する権利を有するとの観念が存在していると考えられる(2)。

ここで「教育を受ける権利」の意義は、子どもの「成長、発達」を実現するために必要な学習を保障することにあるとされている。そしてこの権利の実現は、大人への「要求」を通じてなされること、すなわち、子どもの学習権は、教師をはじめとする大人との人間関係のもとで充足されることが示されている。最高裁はさらに、子どもの成長、発達に応じるためには教師に「教育の自由」が不可欠であるとして、以下のように述べている。

子どもの教育が教師と子どもとの間の直接の人格的接触を通じ、その個性に応じて行われなければならないという本質的要請に照らし、教授の具体的内容及び方法につきある程度自由な裁量が認められなければならないという意味においては、一定の範囲における教授の自由が保障されるべきことを肯定できないではない。

ここで最高裁は、子どもの学習権保障に不可欠な要素として、教師の「教育の自由」を導き出す。このような学習権の概念からみるならば、子どもの成長、発達に応じるためにこそ、教師には教育実践の創造性が求められ、教材研究をしたり、自主的な研修活動に参加するような

「自由」が必要となる。そして、そのような「自由」を成り立たせる労働条件が保障されていなければならない。教師の多忙化状況は、教師と子どもとの「直接の人格的接触」を不能とさせ、さらに教師から自主的研修や自己研鑽の時間的自由を奪うことにより、子どもの成長や発達に応じることをも不能にする。

それゆえ、教師の多忙化をめぐる問題へのアプローチには、教師の労働時間が、労基法上の最低基準を満たしているかどうかという課題にとどまらず、その労働条件が子どもの学習権を保障するに見合っているかという視点から問い直される必要がある。労基法の最低基準である一日八時間の上限が遵守されていればいいわけではなく、ましてや、「タダ働き」となる時間外勤務が、後にみる「上限指針」(第4章参照)の示す月四五時間、年間三六〇時間に収まっていれば済む話ではない。

兼子仁が指摘するように、教師の労働条件は、「教師の人間としての生活条件であることに加えて、子どもたちが良い教育をうけるために必要な『教育条件』」としての側面がある。それゆえ「学校教師の労働条件や身分保障には、子どもの教育をうける権利・学習権の保障に連なる教育条件整備の意味合いがあるだけ、一般の労働者や公務員におけるそれ以上でなければならない、という教育法的要請が存する」[4]。この点ゆえに、教員の多忙化問題が一般の労働者の権利問題と重なりながらも、同じ枠組みのみでは解決には至らないのである。

(2) 定められていたはずの「待遇の適正」

憲法二六条に示された「教育を受ける権利」のもと、教育基本法（以下、教基法）九条は、教員のあるべき姿について、「法律に定める学校の教員は、自己の崇高な使命を深く自覚し、絶えず研究と修養に励み、その職責の遂行に努めなければならない」（一項）とし、「教員については、その使命と職責の重要性にかんがみ、その身分は尊重され、待遇の適正が期せられるとともに、養成と研修の充実が図られなければならない」（二項：傍点—引用者）としている。ここで教師の労働条件との関連で重要なのは、二項の「待遇の適正が期せられる」という文言である。[5]

この条文は、一九四七年に制定された旧教育基本法（以下、旧教基法）六条二項の内容をそのまま踏襲しており、二〇〇六年に改正された際も、「待遇の適正」という用語がそのまま残されている。この文言は、旧教基法制定時の公定英訳では「fair and appropriate treatment（公正かつ適正な待遇）」[6]とされている。それは、教員の勤務条件が一般の労働者や公務員の労働条件と同様の最低基準にとどまらず、子どもの学習権保障に見合う「公正かつ適正」なものでなければならないことを、教師を雇用する者に義務付けたものだった。

少々古典的な国際文書だが、ＩＬＯ・ユネスコの「教師の地位に関する勧告」（一九六六年）でも「教員の勤務条件は、効果的な学習を最大限に促進し、かつ、教員がその職務に専念しうるようなものとする」（八項）と、子どもの学習条件と教員の勤務条件が一体のものであることが示されている。さらに、国際人権Ａ規約（社会権規約）においても、教育への権利を保障する締約国政府の義務として「教育職員の物質的条件（material conditions）を不断に改善すること」（一三条二項（ｅ））が定められている。同条の一般的注釈によれば、教員の労働条件が十分でないことは、「本規約の一三条二項（e）に反するだけでなく、子どもの教育への権利に対する主要な障壁となる」(*E/C.12/1999/10.* Para 27）と明記されている。

ゆえに、「待遇の適正」が教基法に明記されていることは、これらの国際条約等に沿って、教員の勤務条件を子どもの学習条件の一環として整備する「教育条件整備義務」が政府や学校設置者に課せられていることを示している。

そして、子どもとの「直接の人格的接触」を成り立たせるために必要な教員の給与、労働条件を保障することは、憲法、教基法、そして国際条約によって要請された政府の責務であるといえる。

このように教師の労働条件を子どもの学習権と一体で捉える必要から、教基法は「待遇の適正」を要請してきた。では、このような基本法制のもと、教師の待遇はどのようなルールのもとに決定されてきたのか、また、給特法のような勤務時間をめぐる特殊ルールがどのような経緯で制定されることとなったのか？　この問題を本章の主題としたい。

以下では、まず公務員給与の基本原則を確認した上で、公立学校教員のみに適用されている特殊ルール、さらには、給特法が制定される背景を戦後にさかのぼって検討する。一般職の公務員には民間労働者とは異なる給与や労働条件の決定に関するルールが適用されてきたが、公立学校教員はさらに一般職の公務員からも特異なルールが適用されてきたことを概観する。

2　教師の労働条件の基本原則

(1)　公務員給与の基本原則

日本の公立学校教員は憲法二八条が定める「勤労者」であり、本来は団結権、団体交渉権、団体行動権(争議権)が保障される。この憲法規定からすると、公立学校教員も団体交渉を通じて自らの勤務条件を決定することが本筋である。実際に、一九四五年に制定された旧労働組合法は、警察官吏、消防職員、監獄勤務者を除いて全ての公務員に適用されていた。その時点では、各地域の教育委員会と教員組合が団体交渉を行い、団体交渉協約によって給与や勤務時間、その他の労働条件を決定するというアメリカ型と同様の方式が予定されていたのである(第8章参照)。

ところが、その後の占領政策の変更により、公務員の団体交渉と争議行為(ストライキ)の制限、禁止が、いわゆる「マッカーサー書簡」(一九四八年七月)により日本政府に要請された。この要請に対応した「政令二〇一号」(一九四八年)を経て、一九四八年に改正された国家公務員法(以下、国公法)、ならびに、一九五〇年制定の地方公務員法(以下、地公法)では、公務員の争議権が禁止され、団体交渉権が制限されることになった(7)。

このような経緯のもと、公立学校教員に適用されている地公法三七条は、一切の争議行為を禁止している。また団体交渉に関しては、地方当局との交渉と「協定」の締結を認めているものの、「団体協約を締結する権利を含まない」(地公法五五条二項)とあるように、法的な強制力をもつ団体交渉「協約」の締結権は認められておらず、重大な制約が課せられている。このため、公務員の労働条件をめぐっては、労使が対等に交渉を行い給与や労働条件を決定するという民間労働者のルールとは異なり、以下のような原則が採用されている。

勤務条件法定(条例)主義——労働条件は法律、条例によって定められる

第一に、公務員の給与には「勤務条件法定(条例)主義」とよばれる原則が採用されている。これは、公務員の勤務条件が法令で決定されることを意味しており、国家公務員は法律で、地方公務員は各自治体の条例で定められることを原則とする。公立学校教員の場合には、都道府県、あるいは政令市の「学校職員の給与に関する条例」(以下、給与条例。名称は自治体によって異なる)で定められてきた。なお、以前は国立学校の教員は、他の国家公務員と同様にその給与が「一般職の職員の給与に関する法律」(以下、給与法)で定められていた。しかし、二〇〇四年に国立大学が法人化されて以降、その附属学校等の教職員も国家公務員身分を外れることとなり、民間事業所と同様に各法人の就業規則によって給与が決定されている。

公務員の給与を法律(条例)で定めるのは、しごく当然のことと思われるかもしれない。しかしここには、戦前の公務員制度からの重要な転換がある。戦前の公務員である「官吏」の諸制度は、天皇の命令である「勅令」によって定められ、「天皇の官吏」(royal servant)として奉じることが求められていた。これに対し、戦後の公務員は「全体の奉仕者」(public servant)として国民に奉仕する公務員となり、その基本的制度は国民の代表である国会の制定する法律によって定めることとなった[8]。これにより、公務員制度のあり方を国民の民主的統制のもとに置くとともに、公務員の身分と勤務条件を保障することにもなった。さらに、地方公務員の場合は、具体的な勤務条件が自治体の条例によって決定される。これは、地域の公務員の待遇に関して、地方自治を尊重することを趣旨としている[9]。

職務給の原則——待遇は職務と責任に応じる

第二に、公務員の給与決定で重要なのが「職務給の原則」である。地公法では「職員の給与は、その職務と責任に応ずるものでなければならない」(二四条一項)と定められている。現行法制上の仕組みでは、給与法にもとづく「俸給表」(国家公務員)や、給与条例に基づく「給料表」(地方公務員)で示された職務分類、およびそこで示された職務の「級」にもとづいて給与が支給されている。

教員の給与に関しては、一九五四年一月から施行された改正給与法により、国立学校教員を対象とする「教育職俸給表」がつくられた。すなわち、大学教員を対象とする「俸給表(一)」、高等学校教員を対象とする「俸給表(二)」、小中学校教員を対象とする「俸給表(三)」のいわゆる「三本建俸給表」として学校段階別に新設されたのである。また、一九五七年の給与法改正により「等級制」が採用され、高等学校教員と小中学校教員を対象とする俸給表は、一等級から三等級が設けられ、それぞれ、一等級は校長、二等級は教諭、三等級は助教諭等が対象とされた。[10] この三本建俸給表は、一九六二年の高等専門学校の発足に伴って「俸給表(四)」が新設されたことにより「四本建俸給表」となり、また、一九七四年には教頭職が法制化されたことに伴い「特一等級」が新設され四等級制が実施される。公立学校教員においても、後にみる国立学校準拠制により、国家公務員の俸給表をモデルとして、同様の「四本建・四等級」が条例の給料表に準用され、長らく公立学校教員給与の決定方式として機能してきたのである。

均衡の原則——国家公務員との関係

第三に、公務員給与における「均衡の原則」と、そこに果たす人事院および人事委員会の役割が、公務員給与の特徴としてあげられる。先にみたように民間の労働者と異なり、公務員は争議行為が禁止され、団体交渉権が制限されている。こうした公務員の労働基本権制限の代償措置とされているのが、人事院（国家公務員の場合）および人事委員会（地方公務員の場合）による調査、報告、勧告機能である。

国公法二八条一項では、「職員の給与、勤務時間その他勤務条件に関する基礎事項は、国会により社会一般の情勢に適応するように、随時これを変更することができる。その変更に関しては、人事院においてこれを勧告することを怠ってはならない」として、国家公務員の給与等の勤務条件の変更についての国会の主体性を定めるとともに、専門的第三者機関である人事院の勧告によって「社会一般の情勢」に適応することを求めている。それゆえ、二八条二項では、「人事院は、毎年、少くとも一回、俸給表が適当であるかどうかについて国会及び内閣に同時に報告しなければならない」とされ、さらに、五％以上の給与の増減にあたっては「国会及び内閣に適当な勧告をしなければならない」とされている。このように、国家公務員の労働基本権を制限する代償措置として、人事院が民間給与、物価、生計費等の調査をもとに勧告を行うことで、国家公務員の給与が適切であることを担保するという体裁がとられている[11]。

同様に、地方公務員の給与決定にあたり設置されているのが、各都道府県、政令市に設置された人事委員会である。地公法二六条によれば、各地方公共団体の人事委員会は、毎年少なくとも一回、給料表が適当であるかどうかを地方公共団体の議会及び長に報告し、あわせて適当な勧告ができるとされている。このために毎年、地域の民間給与調査をもとに、給与に関する勧告を行い、これをもとに給与条例が改正されることを建前としている。しかし実際には、各地域の人事委員会の多くは事前の調査等を行うことなく、国家公務員の給与に対する人事院勧告を踏襲し、それと同一内容で勧告している[12]。このように、人事院勧告を経て決定される国家公務員の給与が、地方公務員の給与にも影響を与えていることが、日本の公務員給与における一つの特徴となっている。

この特徴を法的に裏付けているのが、公務員給与の「均衡の原則」である。地方公務員の給与の決定にあたっては、生計費や民間給与、その他の情勢に加え「国及び他の地方公共団体の職員」の給与を考慮しなければならないとされている（地公法二四条二項）。これは一般に「均衡の原則」と呼ばれ、特に地方自治を前提とする地方公務員の給与において、国家公務員との均衡がどこまで求められるのかが長年論争となってきた[13]。一方で教育公務員においては、次にみ

る国立学校準拠制により、国立学校教員の給与との均衡が前提とされてきた点が特徴といえる。(14)

（2）教員に特殊な給与原則

国立学校準拠制――暫定だったはずの基準

公立学校教員の給与には、前記のような公務員法上の一般原則が適用される一方で、公立学校教員に特殊な給与原則がいくつか存在する。その第一が、旧教育公務員特例法二五条の五によって示されてきた「国立学校準拠制」である。そこでは、「公立学校の教育公務員の給与の種類及びその額は、当分の間、国立学校の教育公務員の給与の種類及びその額を基準として定めるものとする」（傍点―引用者）とされ、公立学校教員の給与が条例に基づくという条例主義を原則としながらも、法律によって定められた国立学校教員の給与を「基準」とすることが示された。

一九五一年の教育公務員特例法の一部改正の国会審議では、当時文部省調査普及局長の關口隆克から国立学校準拠制の設立趣旨が以下のように説明されている。

> 第二十五条の五は、公立学校の教育公務員の給与については、地方公務員法の第二十四条第三項によれば、国立学校の教育公務員のそれを考慮して定めるとなつておりますが、一歩進んで国と地方とを通ずる教育公務員それ自体の給与を体系づけるため、両者の権衡をはかるべきであるとの考え方から、あまねく全国に所在している国立学校の教育公務員

の給与を基準とすることをうたつた次第であります。すでに国立学校の教育職員一般については、一般職の職員の給与に関する法律により人事院が特別に研究いたしまして、その結果を国会、内閣に勧告いたすことになつておりますし、また御承知のように公立学校の教員の給与については、種々財源とか個々の額とかで問題が多いのでありまして、教育公務員の給与体系が確立するまでは、少くとも地方自治行政のわく内で、その精神に抵触しない限度のかかる措置をなしたいのであります[15]（傍点―引用者）。

ここには大きく二つの重要な点が示されている。第一に、他の地方公務員にも適用される「均衡の原則」の上乗せとして、国立学校準拠制をとることにより、事実上、人事院勧告を公立学校教員にも波及させるという点である。実際に一九五七年の文部省通達によれば、「給与制度の基本である給料表について、国立学校の教育職員と異なった内容のものを採用することは教育公務員特例法二十五条の五の趣旨に反するものと考えられるから、教育職員の給料表は、一般職の職員の給与に関する法律別表第五（教育職俸給表）と同様の内容とする」（昭和三二・七・二六文初地四〇二初中局長）という見解が示されている。つまり、国立学校準拠制にもとづく「基準」はより強い拘束力をもつことが示されたのである。後にこの基準については、「全く同一の内容でなければ違法であるとしたものではない」（昭和三二・八・一六文初地四〇二初中局長）と再度通達されているが、「均衡の原則」よりも一歩進んで、国立学校教員給与への準拠を積極的に求めたところに、公立学校教員の給与決定の特殊性をみることができる。

第二に、あるべき「教育公務員の給与体系」の確立を想定しながら、「当面」の暫定措置としてこの条文が導入されたという点である。文部省内に設けられた教育法令研究会の解説によれば、本条の趣旨は以下のように説明されている。

> 国家公務員たる国立学校の教育公務員については、不十分であるとはいえ、現在その職務と責任の特殊性にもとづいてある程度の特別な取り扱いがなされているのであるから、地方公務員たる教育公務員においても、それと同様な措置を加えて、教育公務員のための来るべき給与体系の確立に備える必要があるのである。これが本条の設けられた趣旨なのであって、本条に「当分の間」とされているのは、近い将来において教員のための給与体系の確立を予想していることを示すものである[16]（傍点―引用者）。

また、具体的な立法論としても「できるだけ早い機会に教育公務員給与法とでもいった独立の給与体系が設けられるべきものであると言えるであろう[17]」と、教育公務員の「あるべき給与体系」を実現する立法の必要性が示されていた。

実際に、教育公務員特例法改正後の一九五四年八月の中央教育審議会（以下、中教審）の「義務教育学校教員給与に関する答申」では、国立学校準拠制をあくまで暫定措置とする観点から、「教員の給与制度を根本的に再検討し、教員としての職務の特殊性に適応した給与制度を樹立すること」や、「給与問題と関連して、教員定数を含む学校基準を策定して、教育水準の維持向上を図ること」が提言されていた。ところが、一九五六年に制定された「教員等の勤務時間の特例に関する規程」（文部省訓令四号）では、国立学校教員の勤務時間管理にあたり、発生した時間外勤務を他の勤務日に割り振るという「変形労働時間制」が採用され（三条）、教員の「職務の特殊性」が勤務時間管理をめぐる「特例」に限定して法規化される。

この教員の勤務時間管理をめぐる問題は、後にみる給特法の教職調整額の妥当性をめぐり再び論議される。ただ、暫定措置とされた国立学校準拠制と前記の中教審答申には、教員に特殊な勤務形態と教員給与をいかに連動させるのか、またこれと関わって各地域に配置されるべき教員数（教員定数）をいかに算定するのかという「あるべき給与体系」をめぐる法的論点が含まれていたといえる。

県費負担教職員制度――身分は市町村、給与は都道府県負担

地方公務員の給与は、原則として任用される自治体の条例にもとづいて支給される。公立小中学校の多くは市（区）町村立学校であり、その教職員も市町村職員となる。また、学校教育法五条に示された「設置者負担主義」の建前からすれば、本来は公立学校教員の給与を市町村が負担することが原則となる。しかし市町村立小中学校の教職員の場合、給与を都道府県が負担し、さらにその任命権も都道府県の教育委員会が担う。また給与に関する条例も、都道府県によって定められるという原則が採用されている（いずれも政令市を除く）。これは他の地方公務員にはみられない、特殊な仕組みである。

この法的根拠とされているのが、市町村立学校職員給与負担法である。その一条、および、二条の定めにより、市町村立小中学校の教職員は、「県費負担教職員」と呼ばれ、都道府県がその給与を負担することが原則とされる。そして、地方教育行政の組織及び運営に関する法律四二条により、「県費負担教職員の給与、勤務時間その他の勤務条件については……都道府県の条例で定める」とされている。

このように、公立小中学校教員の多くが市町村職員としての身分を有しながら、その給与が都道府県の条例によって定められ、都道府県が負担するという原則が採用されている点に、公立学校教員給与の特殊な原則をみることができる。

義務教育費国庫負担法と義務標準法――教育保障のための国庫負担

公立学校教員給与には、さらに特殊な仕組みとして、国が給与の一定割合を国庫負担するという方式がとられている。一九五二年に制定された義務教育費国庫負担法は、二〇〇六年に改正されるまで公立義務教育諸学校教職員の給与等の二分の一を国庫負担することを義務付け、都道府県の財政事情に左右されない教育の機会均等と水準の維持向上を目的としてきた。国はこの法律にもとづき、教職員人件費の二分の一の額を国庫負担金によって、また、残りの額を地方公共団体の一般財源となる地方交付税によって負担することで、教職員給与を財政的に保障する仕組みを構築した。公立小中学校教員の多くが市町村職員でありながら、都道府県が給与負担の第一義的な責任を負い、さらには負担額の半分を国が保障するという他の公務員に類例をみない仕組みが導入されたのである。

教員給与に関してもう一つ重要な法律が、一九五八年に制定された「公立義務教育諸学校の学級編制及び教職員定数の標準に関する法律」(以下、義務標準法)である。義務標準法は、第一に、一学級あたりの児童生徒数の全国的な標準を示し、各都道府県教育委員会がこの「標準」をもとに学級編制の「基準」を定める仕組みを形成し(三条二項)、第二に、この学級編制の標準をもとに、学校数、学級数に応じ、都道府県ごとに配置すべき教職員数の標準を定める点にある(七条)。義務標準法によって導き出された教職員定数は、義務教育費国庫負担金の交付額と(限度額政令二条)、地方交付税の算出基準(基準財政需要額)となることから(地方交付税法一二条三項)、教員給与の財源を保障する役割を果たしてきた[18]。このような公立学校教員給与をめぐる財政制度もまた、一般の地方公務員からみた公立学校教員に特殊な仕組みであるといえる。

3　教員に特殊な手当とルール——給特法と人確法

(1)　教員の超過勤務問題と給特法

前記のように、教員給与は地公法上の一般原則を前提としながらも、教育公務員に特殊な原則にもとづいて構成されている。それをさらに複雑にしているのが、教員の時間外労働をめぐる特殊ルールである。

第3章で詳述するように、勤労者の労働条件に関する一般原則を定めた労基法は、一週間あたりの労働時間を四〇時間以内とし、一日あたり八時間を超えて労働させてはならないと定めている(三二条)。また、時間外労働が発生した場合には割増による超過勤務手当(以下、超勤手当)を支払うことを義務づけている(三七条)。これら労基法による労働条件の最低基準は、地方公務員にも適用される。国家公務員は労基法が適用除外されるものの、給与法で労基法と同等の労働時間規制がなされ(一四条)、時間外勤務手当の支給(一六条)、休日給の支給(一七条二項)が義務づけられている。

しかし教育公務員においては、労基法や給与法の一部が適用除外され、発生した時間外勤務等に対して超勤手当は支給しないという特殊な取り扱いがされてきた。その法的根拠とされたのが、一九七一年五月制定の「国立及び公立の義務教育諸学校等の教育職員の給与等に関する特別措置法」(以下、給特法)である。この法律のもと、教員の超勤手当を不支給とする代わりに、俸給月額四%の「教職調整額」を支給するという特殊ルールが定められたのである。

給特法の法的問題の詳細は第Ⅱ部にゆずるが、ここでは戦後にさかのぼって同法制定までの概略を確認しておきたい。

戦後、旧来の官吏制度から新たな公務員制度へと移行するにあたり、一九四八年に「政府職の俸給に関する法律」が暫定的に制定された。従来の俸給月額一八〇〇円ベースによる給与を二九二〇円ベースに切り替えるにあたり、一週間の勤務時間が四一時間以上四四時間未満の者に一五割、四四時間以上四八時間未満の者に一六割、四八時間以上の者に一七割と、勤務時間に応じて一定の割合を乗じることとした。この際、一般公務員が「四十四時間」未満とされたのに対して、教員は「四十八時間以上」という割合の高い俸給月額が適用された。この切り替えが、本給を優遇する代わりに、教育公務員には超勤手当を支給しないという特殊ルールを採用する根拠とされたのである(19)。

しかし、教育公務員の給与における有利性は次第に失われ、超勤手当不支給の問題が浮上してくる。これに対し、日本教職員組合(以下、日教組)は労基法にもとづく超勤手当の支給を求めて、文部省および人事院と交渉を行うと同時に、法廷闘争を展開していく(20)。

教員の超勤手当の支給については、一九五〇年三月に文部省から人事院への照会がなされており、「正規の勤務時間をこえて勤務することを命ぜられたすべての時間に対して所定の超勤手当が支給さるべきであると解する」との回答がなされている(21)。また、日教組からは一九六三年に人事院総裁宛に「教育職員の超過勤務手当に関する質問状」が提出され、人事院は「所定の超過勤務手当が支給されるべきである」と回答していた(22)。こうしたなか、人事院は、一九六四年の給与勧告において、「この問題は、教員の勤務時間についての現行制度が適当であるかどうかの根本にもつながる事柄であることに顧み、関係諸制度改正の要否については、この点も考慮しつつ、さらに慎重に検討する必要があると考える」との見解を示し、教員給与制度そのものの見直しを提起した(23)。

この勧告をうけて、文部省は一九六六年から六七年にかけて「教職員の勤務状況調査」を実施し、教員の時間外勤務の実態把握に乗り出した。その結果、一人あたり週平均の時間外勤務が、小学校教員で二時間三〇分、中学校教員で三時間五六分、全日制高校で三時間三〇分に及ぶことが示された。またこの調査では、時間外勤務時間に対する一月あたりの超勤手当額の対俸給比率が示されており、小学校教員で三・三％、中学校教員で六・二％、高校教員で一・六％、平均三・八％と計上されている。(24)

これらの調査のもと、文部省は教員の超過勤務を問題視する一方で、その対応においては、労基法にもとづく超勤手当の支給という一般原則をとらなかった。当時与党の自民党は、教職員を労基法から適用除外することで、公務員共闘から分断し、教職員の労働運動を抑制することを目指していたのである。(25)

こうした教員の超過勤務問題の対応策として、一九六八年三月には教育公務員特例法（以下、教特法）の一部改正法案が国会に提出された。そこで提案されたのが、超勤手当の代替措置として俸給月額四％相当の「教職特別手当」を支給するという変則ルールである。この教特法一部改正法は結果的に成立しなかったものの、その国会審議が行われる傍ら、日教組からは教員の超過勤務問題に関する要望書が提出される。日教組からの具体的な要望としては、第一に「休日や勤務時間外に行う測定可能な時間外労働については労働基準法第三七条にもとづく割増賃金を支給すること」、そして第二に、「教育労働の特殊性にかんがみ、自主性・自発性にもとづく超過労働に対しては、定率（四〜八％）の特別手当（調整額を含む）を支給すること」（括弧内―原文）という、超勤手当と調整額の「二本立て」による要求が示されたのである。(26)

こうした経緯のもと、最終的には人事院が一九七一年二月八日に教職調整額の支給という特殊ルールを支持する「意見の申出」[27]を行い、同年二月一六日に給特法案が国会に提出され、五月二四日に成立する。[28]

成立した給特法では、国立学校教員に「俸給月額の百分の四に相当する額の教職調整額を支給する」(三条)と定められた。その上で、「国立の義務教育諸学校等の教育職員を正規の勤務時間……をこえて勤務させる場合は、文部大臣が人事院と協議して定める場合に限るものとする」(七条)として、教員に命じうる時間外勤務の限定を示している。この「文部大臣が人事院と協議して定める場合」の具体的内容は、同年七月に「教育職員に対し時間外勤務を命ずる場合に関する規程」(文部省訓令二八号)として定められ、超過勤務を命じることが可能な業務として、①生徒の実習に関する業務、②学校行事に関する業務、③学生の教育実習の指導に関する業務、④教職員会議に関する業務、⑤非常災害等やむを得ない場合に必要な業務の五項目が示された(訓令四条)。このように、元来、給特法は、主として国立学校教員の時間外勤務の特例を定める法律であったといえる。

それに対して公立学校教員は、給特法八条により「国立の義務教育諸学校等の教育職員の給与に関する事項を基準として教職調整額の支給その他の措置を講じなければならない」とされた。つまり、国立学校教員に適用されるルールを基準として、各都道府県の条例によって定められることとなった。なお、超勤(限定)五項目のうち「③学生の教育実習の指導に関する業務」は、国立大学附属学校を主たる対象とすることから、公立学校では除外されることとなった。これにより、公立学校教員の時間外勤務の対象となる「超勤四項目」という概念が形成されたのである。このように給特法は、時間外勤務が可能な業務を限定し、教職調整額を一律に支給する、という労基法の一般原則からは例外的な仕組みをつくったとみることができる。

一方で、「教育職員については、正規の勤務時間の割振りを適正に行い、原則として時間外勤務は命じないものとする」(訓令三条)として、時間外勤務の割振りを行う「変形労働時間制」が継続された。つまり、給特法上のルールとして超過勤務を発生させない措置としての変形労働時間制が継続されながらも、実際に発生する超過勤務に対して教職調整額を支給する、という一見矛盾する制度が形成されたのである。(29)

こうした一般労働法からみれば矛盾した給特法の仕組みを、当時の人事院は「教員の時間外勤務とこれに対応する給与等について、これをその職務と勤務態様の特殊性に応じたものに改めようとするものである」(30)と、教員の職務の「特殊性」を強調し説明していた。

先にみたように、日教組においては、一方で労基法にもとづく超勤手当を要求し、他方で文部省が提示する変則的なルールとしての調整額を受け容れるという戦略がとられた。それゆえに、こうした日教組の対応に関しては、「日教組もまた、教員の時間外勤務に関するルールを労働基準法に沿ったルールから乖離させる一端を担うことになった」との問題が指摘されている。(31)しかしながら、より重要なことは、日教組においても給特法の変則ルールか、一般労働法の適用かという二項対立図式が採用され、「あるべき給与体系」の模索が行われなかったという点にある。第Ⅲ部で詳述するように、給特法の成立後も続く教員の超過勤務訴訟の実態にみるならば(32)、この変則ルールが教員の職務の「特殊性」に対応するどころか、労基法上の待遇よりも教員の労働条件を引き下げる役割を果たしてきた。その意味で、日教組が給特法上のルールを受け容れたことの問題は、一般労働法からの逸脱を示した点にあるのではなく、教員の「あるべき給与体系」や「あるべき勤務時間管理方式」を追求しなかった点にある。

（2）「人確法」による改善と挫折

給特法による教職調整額と同様、特殊立法を根拠に教員に支給されているのが「義務教育等教員特別手当」である。この手当の新設を含め、一九七〇年代の教員給与改善の法的根拠となったのが、一九七四年二月に制定された「学校教育の水準の維持向上のための義務教育諸学校の教育職員の人材確保に関する特別措置法」(以下、人確法)である。この法律は、わずか四つの条文によって構成されていた。その三条では「義務教育諸学校の教育職員の給与については、一般の公務員の給与水準に比較して必要な優遇措置が講じられなければならない」とし、教育公務員への給与優遇の必要性を定めている。

ただし人確法は給特法とは異なり、具体的な給与額や支給率を定めていない。そこで重要な意味をもつのは四条で、そこでは「人事院は、国会及び内閣に対し、国家公務員である前条の教育職員の給与について、同条の趣旨にのっとり、必要な勧告を行なわなければならない」とした。人事院勧告を通して国立学校教員の給与を引き上げ、これを国立学校準拠制により公立学校教員に準用するという法構成がとられたのである。これは、人事院勧告を通じた給与引き上げを公立学校教員にも波及させようとする点で、先にみた国立学校準拠制を前提とする仕組みとみることができる。

人確法制定後、この人事院勧告を通した給与引き上げ方式により、実際に三次四回にわたる給与改善の措置がなされた。一九七四年の第一次給与改善では、国立学校教育職員の初任給を一般行政職の上級職乙試験採用者に比べて一五・一％引き上げ、また一九七五年の第二次給与改善では、小中学校教員の俸給月額が平均三％、高校教員では二・六％改善、さらに俸給月額四％相当額の「義務教育等教員特別手当」が新設された。第三次給与改善は二回に分けて行われ、一九七七年の第一回改善では義務教育等教員特別手当が俸給月額四％から六％相当に引き上げられ、同時に教員組織の階層化を助長するとして教員組合からの反対運動を呼び起こした、いわゆる「主任手当」(日額二〇〇円、月額約五〇〇〇円)が創設された。一九七八年の第二回改善では、さらに義務教育等教員特別手当の平均約二〇％改善が行われた[33]。

このように教員給与の大幅な改善を実現した人確法だが、制定の契機とされる一九七一年の中教審答申「今後における学校教育の総合的な拡充整備のための基本的施策について」では、中間管理職の創設を意図する「五段階給与制」が提示されていたことから、日教組は当初、法案に反対姿勢を示していた。また、当初から一般労働法にもとづく労使交渉による給与決定をつらぬこうとする立場から、人事院主導の給与改善を批判する動きも存在していたのである。その一方で、日教組内には人確法案を廃案にすることによって、給与改善の途が閉ざされることに対する懸念もあった。このような人確法をめぐる賛否両論が日教組内で並立するなか、最終的には文部大臣と日教組委員長のトップ会談に至り、「人材確保法案に関する覚え書き」に

おいて「五段階給与制はとらない」等の条件が盛り込まれ、政治的決着により人確法は成立することとなる。(34)

4　小括――「政治的決着」に委ねられた教員の労働条件

教員給与の法制史からみるならば、人確法の制定は、給特法に象徴される教員給与法制の特異かつ矛盾した仕組みを、さらなる優遇措置の上乗せにより正当化する役割を果たしたといえる。その役割は、大きく二つ意味づけられる。

第一に人確法は、教員の職務の特殊性に応じた「あるべき給与体系」を確立するという、当初の立法計画を事実上消滅させた。人確法による優遇措置は、勤務実態を反映した「優遇」ではなく、政治的決着によって実現された「優遇」であった。人確法を日教組が受け容れたことは、当初暫定措置とされた国立学校準拠制とこれにもとづく給与方式を恒常化すると同時に、教員給与の決定を時の財政事情と政治的決着に委ねることになったといえる。

第二に、人確法の成立は日教組の「労働運動」を沈静化し、人事院・人事委員会体制に日教組を包摂することになった。日教組は人確法をめぐる条件闘争の末、その法的枠組みを前提とした賃金闘争へと運動方針を転換するが、それはとりもなおさず労基法の基本原則や団体交渉にもとづく給与決定という主張を軟化させ、人事院体制、ならびに給特法の特殊ルールを事実上容認することを意味していた。ゆえに、人確法をめぐる日教組の方針転換は、個別の給与政策をめぐる方針としてのみではなく、戦後日本の教員給与法制の仕組みを確定する、極めて重要な転換点であったとみられる。

以上みてきたように、教員の超過勤務問題は、戦後から一九七〇年代にかけて、教員に固有な給与制度と勤務時間管理をいかに構築するべきかという論点として問われ続けてきた。しかし結果として成立した給特法、人確法などの特別立法は、一時的に教員の給与を改善しつつも、その主眼は、教員の給与や労働条件の決定ルールを一般の公務員や民間労働者のそれとは異なる仕組みによって規定するものとなった。つまり、日教組をはじめとする教員労働運動を、他の公務員・民間労働運動と分断するという政治的意図のもとで策定された法制度であったといえる。教員に固有な給与制度、勤務時間管理を追求するのではなく、このような「政治的決着」によって策定された仕組みが、現代における教員の働き方をめぐる問題に影響を与えていることは特筆されるべきであろう。

＊　＊　＊

また、本章でもうひとつ重要なのは、公立学校教員の給与や勤務時間管理をめぐる仕組みが、国立学校準拠制を前提としていた点である。当初は「当面の措置」として導入された国立学校準拠制が、その後も恒常化されることとなり、法律によって定められた国立学校教員の俸給表や勤務時間管理、その他の手当等が、公立学校教員の給与の法的基準として全国的水準を維持する役割を果たしてきたのである。

証する。
だが、二〇〇〇年代以降の構造改革のもと、この教員給与の屋台骨ともいえる国立学校準拠制は廃止されることになる。その結果、公立学校教員の給与法制やその働き方にいかなる影響が及んだのか。第2章では、こうした教員の給与や労働条件をめぐる法制の「改変」状況を検証する。

【注】

(1) 堀尾輝久『現代教育の思想と構造―国民の教育権と教育の自由の確立のために―』岩波書店、一九七一年、三二一頁、堀尾輝久・兼子仁『教育と人権』岩波書店、一九七七年、二〇二頁。
(2) 最大判昭五一・五・二一刑集三〇巻五号六一五頁。
(3) 市川須美子「教師の日の丸・君が代拒否の教育の自由からの立論」『法律時報』八〇巻九号、二〇〇八年、七三頁、世取山洋介「北海道学テ事件最高裁判決の現代的意義―なぜそれは教育裁判にとってのコーナーストーンなのか?―」『日本教育法学会年報』三七号、二〇〇八年、六八―六九頁、中川律「教師の教育の自由」『法学セミナー』五九巻五号、二〇一四年、二一―二二頁。
(4) 兼子仁『教育法〔新版〕』有斐閣、一九七八年、三二七頁。
(5) 教育基本法、ならびに同法九条の詳細については、日本教育法学会編『コンメンタール教育基本法』学陽書房、二〇二一年を参照。
(6) 神田修・寺崎昌男・平原春好編『史料教育法』学陽書房、一九七三年、一九四頁。
(7) 西谷敏・道幸哲也・中窪裕也編『新基本法コンメンタール 労働組合法』日本評論社、二〇一一年、三四二頁〔根本到執筆〕。
(8) 峯村光郎『公務員労働関係法〔新版〕』有斐閣、一九七二年、二三三頁、阿部泰隆・中西又三・乙部哲郎・

晴山一穂『地方公務員法入門』有斐閣、一九八三年、一四二頁。
（9）阿部ほか・前掲書、一九八三年、六一―六二頁、橋本勇『新版　逐条地方公務員法〈第5次改訂版〉』学陽書房、二〇二〇年、三八三頁。
（10）佐藤三樹太郎『教職員の給与』学陽書房、一九七五年、二一七―二一八頁。
（11）森園幸男・大村厚至『公務員給与法精義〈第四次全訂版〉』学陽書房、二〇〇八年、一六―一七頁、同旨、吉田耕三編著『公務員給与法精義〈第五次全訂版〉』学陽書房、二〇一八年、一五―一六頁。
（12）西村美香『日本の公務員給与政策』東京大学出版会、一九九九年、一〇九頁、金子美雄「地方公務員給与の諸問題」神代和欣編著『日本の賃金決定機構―公共部門の賃金決定―』日本評論社、一九七三年、二一八頁。
（13）阿部ほか・前掲書、一九八三年、七〇―七一頁。
（14）このほか、地方公務員に適用される一般原則として、公務員の給与が人種、信条、性別等によって差別されてはならないとする「平等原則」（地公法一三条）、さらには、地方公務員の給与や勤務条件が社会一般の情勢に適応することを地方公共団体に義務付ける「情勢適応の原則」（一四条）もまた、公立学校教員の給与原則として適用される。
（15）一九五一年一月三〇日第一〇回国会衆議院文部委員会議録第一号八頁。
（16）教育法令研究会編『改正教育公務員特例法逐条解説』学陽書房、一九五一年、一七九頁。
（17）同上書、一七八頁。
（18）内沢達「生徒数『水増し』学級編制問題と地方自治」『鹿児島大学社会科学雑誌』第九号、一九八六年、一五―一七頁。また、義務標準法と義務教育費国庫負担法の詳細については、山﨑洋介・ゆとりある教育を求め全国の教育条件を調べる会『いま学校に必要なのは人と予算―少人数学級を考える―』新日本出版社、二〇一七年参照。
（19）佐藤・前掲書、一九七五年、二二一―二二三頁。

(20) 実際に、時間外に行われた職員会議に対する超勤手当が請求された静岡県教員超勤手当請求事件(最一小判四七・四・六民集二六巻三号三九七頁)、ならびに、修学旅行や遠足の引率等の超勤手当が請求された静岡市教員超勤手当請求事件(最三小判昭四七・一二・二六民集二六巻一〇号二〇九六頁)の最高裁判決においては、いずれも原告の請求が認められている(小林正直「教員超過勤務手当請求事件」日本教育法学会編『教育法の現代的争点』法律文化社、二〇一四年、三八六—三八七頁)。

(21) 「『教職員の超過勤務手当について』の人事院事務総長回答」(昭和二十五年三月十六日)人事院給与局「教員の超勤問題に関する資料」(一九七一年一月)、一五頁。なお、以下の経緯については中村圭介・岡田真理子『教育行政と労使関係』エイデル研究所、二〇〇一年に詳しい。

(22) 「『教職員の超過勤務手当について』の人事院職員局長回答」(一九六四年二月十四日)人事院給与局「教員の超勤問題に関する資料」(一九七一年一月)、二〇頁。

(23) 同上書、二二頁。

(24) 「四一年度文部省の教職員の勤務状況調査結果概要」人事院給与局「教員の超勤問題に関する資料」(一九七一年一月)、二三—二七頁。

(25) 丸山和昭「義務教育学校教員—労働運動による専門職待遇の実現を目指して—」橋本鉱市編著『専門職の報酬と職域』玉川大学出版部、二〇一五年、一一六—一一七頁、荒井英治郎・丸山和昭・田中真秀「日教組と給特法の成立過程」『教職研究』一〇号、二〇一九年、八六頁。

(26) この「二本立て要求」に至る日教組の内部資料を分析するものとして、荒井ほか・前掲書、二〇一九年、一〇八—一〇九頁。

(27) 人事院総裁「義務教育諸学校等の教諭等に対する教職調整額の支給等に関する法律の制定についての意見の申出」『人事院月報』二四二号、一九七一年、一三頁。

(28) 人事院の「意見の申出」を通じた介在により、給特法案の調整が急速に進んだことについては、伊藤愛莉「国立及び公立の義務教育諸学校等の教育職員の給与等に関する特別措置法案の立案過程」『教育制度学

研究』二八号、二〇二一年、一六五頁、青木栄一『文部科学省─揺らぐ日本の教育と学術─』中公新書、二〇二一年、一八五─一八六頁。

(29) 中村ほか・前掲書、二〇〇一年、一六六頁。

(30) 人事院給与局給与第一課「教員給与の勧告について」『人事院月報』二四二号、一九七一年、一〇頁。

(31) 中村ほか・前掲書、二〇〇一年、一五一頁。

(32) 給特法制定後の教員超勤訴訟の動向については、萬井隆令「教員の労働と給特法─運用の実態と問題点─」『労働法律旬報』一九二六号、二〇一八年、七頁、髙橋哲「公立学校教員の超勤問題再考─意見書：『超勤4項目』外業務の『労働基準法上の労働時間』該当性について─」『季刊労働者の権利』三三九号、二〇二一年、八八頁。

(33) 文部省教育助成局財務課「新学校制度40年─経緯と展望(1)教職員の定数・給与─」『教育委員会月報』三九巻一〇号、一九八八年、三〇頁。

(34) 丸山和昭「『人材確保法』の成立過程─政治主導による専門職化の視点から─」『東北大学大学院教育学研究科研究年報』五六集一号、二〇〇七年、一二八頁。

第2章　教員給与の新自由主義改革
——二〇〇〇年代以降の制度改変

1　はじめに——教員給与の「屋台骨」の喪失

第1章にみたように、公立学校教員の給与は、「当面の措置」として立法化された国立学校準拠制に依存した仕組みであった。つまり、法律によって定められた国立学校教員の俸給、手当額を基準として、公立学校教員の給与を維持・改善するという手法である。ところが二〇〇一年に小泉政権が誕生し、構造改革の一貫として財政改革、地方分権改革が断行されるなか、従来の教員給与の法的枠組みも大きく再編されることとなる。

これまでも構造改革が教員の給与や勤務条件に与えた影響の大きさは指摘されてきた。たとえば、義務標準法の改正(二〇〇一年)により、従来、同法によって算定された教員定数には常勤職の教員を採用することが前提とされていたのに対し、非常勤職や再雇用職を充てることが可能となった(義務標準法一七条一項・二項)。また、「総額裁量制」の導入(二〇〇四年)により、各自治体は義務教育費国庫負担金の支出にあたり、人件費の範囲内でこれを自由に使用できることとなり、常勤職の教員の代わりに非常勤職等を雇うだけでなく、教職員全体の給与水準を引き下げ、その剰余分を非常勤職の増員に充てることも可能となった。さらには、義務教育費国庫負担法の改正(二〇〇六年)により、教職員人件費のうち国庫負担の割合が、従来の二分の一から三分の一へと削減された。残りの三分の二の支出を負担することとなった都道府県においては、人件費引き下げへのインセンティブが働き、教員の非正規雇用を拡大したことが指摘されている(1)。

一方、これまでみてきた公立学校教員の給与や勤務時間管理の決定ルールという観点からみた場合、特に重要な立法政策であったのが、二〇〇四年四月一日より施行された「国立大学法人法等の施行に伴う関係法律の整備等に関する法律」(以下、国大法人整備法)の制定である。同年に国立大学が法人化され、公立学校が準拠するはずの国立学校が事実上「消滅」することになった。これに係る諸法律を整備したのが、国大法人整備法である。国立大学の法人化問題については、多くの研究者や教育関係者が注目していたものの、国立学校が法人化されたことに伴う公立学校への影響については、その影響の重大さに比べて十分な関心が払われてこなかった(2)。

第2章では、従来の教員給与の屋台骨として機能してきた国立学校準拠制が廃止されたことに伴い、教員の給与法制にいかなる変容をもたらしているのかを検討する。そこでは、教員給与の水準低下が起こっているにとどまらず、教員給与の仕組み自体が成果に応じた報酬へと変容したこと、また強化された教員管理が多忙化を加速させる要因となっていることを示したい。

2　国立学校準拠制の廃止——教員給与法制の屋台骨の喪失

国大法人整備法がもたらした最も重要な変化は、国立学校の法人化に伴い、従来の教員給与法制の屋台骨として機能してきた国立学校準拠制を廃止したことにある。国大法人整備法の三条は、教育公務員特例法関連の法改正を行い、同法二五条の五に定められていた国立学校準拠制を廃止した。その上で、新一三条を創設し、「公立の小学校等の校長及び教員の給与は、これらの者の職務と責任の特殊性に基づき条例で定めるものとする」とし、公立学校教員の給与の決定を都道府県に(のちに政令市にも)委ねたのである。これにより、公立学校教員給与の決定においてこれらの自治体には大幅な裁量が付与され、給料表上の給料月額や職務の級、諸手当の支給条件をはじめ、条例により自由な制度設計を行うことが可能となった。

また、国立学校準拠制の廃止は、その他の教員給与関連法にも波及する。法律によって定められてきた教員の諸手当等に関する具体的な支給額が、同じく都道府県の条例に委任されることとなったのである。学校教員の給与に関する特別立法とされてきた給特法もまた、その名称が「公立の義務教育諸学校等の教育職員の給与等に関する特別措置法」に代わる。先にみたように、給特法は、その三条で国立学校教員に対する俸給月額四%に相当する教職調整額を法律によって定め、これを八条で公立学校教員に準用するとしていた。教職調整額の「四%」という支給率は、あくまで国立学校教員を対象に定められたものであり、公立学校教員には国立学校準拠制によって準用されていたに過ぎない。

しかし国大法人整備法により、この八条の準用規定は削除され、調整額を定める四条は「教育職員……には、その者の給料月額の百分の四に相当する額を基準として、条例で定めるところにより、教職調整額を支給しなければならない」(傍点―引用者)と改正された。ここでは、「四％」の教職調整額があくまで参照基準とされ、その具体的な支給率もまた自治体の条例に委ねられた。その一方で、三条二項では「教育職員については、時間外勤務手当及び休日勤務手当は、支給しない」という規定が残されたため、時間外勤務手当の不支給については法定事項として維持された。(3) 給特法の名称が「公立の」と変更されたことに、多くの研究者が「規定内容は基本的には変化は無い」(4)と評価しているが、国立学校準拠制の廃止に伴う四条の変更は、後にみる東京都の事例にみられるように、極めて甚大であり、その変化を等閑視することはできない。

同様に教員給与の優遇措置の法的根拠とされてきた人確法も、国大法人整備法により修正された(三四条)。第1章でみたように、人確法は三条で義務教育学校教員の給与の優遇措置を定め、四条で国立学校教員の給与に関し人事院が必要な勧告を行うことを定めていた。つまり、国立学校教員を介して人事院勧告を波及させることにより、公立学校教員給与の優遇措置を行うという手法を採っていたのである。だが、国大法人整備法によりこの第四条は削除されたため、人事院勧告の後ろ盾をもって教員給与の優遇措置を行う方式が消滅することとなった。これにより人確法三条の示す「優遇措置」は、具体的な給与改善の方途を絶たれ、事実上空文化した。

また、教員に関わるその他の諸手当にも、同様の事態が生じた。たとえば、定時制高校の教員には定時制通信教育手当が支払われており、その法的根拠とされてきたのが「高等学校の定時制教育及び通信教育振興法」(以下、定時制通信教育振興法)であった。同法では従来、五条で国立の高等学校教員には「その者の俸給月額に百分の十……を乗じて得た額の定時制通信教育手当を支給する」と定め、六条により「公立の高等学校の校長及び教員の定時制通信教育手当は、前条の規定による国立の高等学校の校長及び教員の定時制通信教育手当を基準として定めるものとする」と規定していた。ここでも、国立学校の手当額を「一〇%」と法律上定めた上で、公立学校教員にこれを準用するという方式がとられていた。それに対して国大法人整備法一七条は、前記六条を削除した上で、五条を「定時制通信教育手当は、……条例で定める」と改正し、具体的な手当額に関する規定を削除し条例に委任したのである。

同様に、農業、水産、工業、商船の産業教育を担当する高校教員には産業教育手当が支払われているが、国大法人整備法の二五条で「産業教育手当の支給に関する法律」が改正され、従来、「俸給月額の百分の十に相当する額」と定められていた具体的な手当額を削除し、「その内容は条例で定める」とした。

前章にみたように、教員給与は国立学校準拠制にもとづき、法律によって定められた国立学校教員の給与が、公立学校教員の給与を事実上決定する役割を果たしてきた。また、教員に特殊な手当等を定めた諸法律も、まず国立学校の手当額を定め、これを基準として公立学校教員の手当に準用するという方式がとられてきた。国立学校準拠制の廃止は、この教員に特殊な給与法制を改変し、公立学校教員の給与を自治体の裁量に委ねるという重大なインパクトをもたらした。いわば、成立当初「暫定措置」とされた国立学校準拠制のもとに積み重ねられてきた教員給与の仕組みは、国立大学の法人化という外的要因により、その屋台骨を失うこととなったのである。ここに、当初予定されていた「あるべき給与体系」とそれを実現する立法措置がとられなかったことによる教員給与法制の問題が噴出することになる。

3　揺らぐ労働基本権制約の論理――代償措置の不在状況

(1) 労働基本権制約の条件としての代償措置

国立学校準拠制の廃止がもたらすもう一つの重要争点が、公立学校教員の労働基本権の制約をめぐる問題である。なぜなら、憲法で保障された労働基本権が法律によって制約される正当化根拠を提供してきたのが、人事院による調査、報告、勧告機能だったからである。国立学校の存在と国立学校準拠制は、この人事院による代償措置を公立学校教員に波及させる重要な機能を果たしてきたのであり、その廃止は、公立学校教員の労働基本権をめぐる問題を再燃させうるインパクトをもたらしている。

第1章で確認したように、日本の公立学校教員も憲法二八条が定める「勤労者」であり、本来、団結権、団体交渉権、団体行動権(争議権)の享有主体である。それが、一九四八年に改正された国公法および一九五〇年制定の地公法により、公務員は争議権と団体交渉権を制限されてきた。この憲法によって保障された人権を法律レベルで制約することの問題が、長きにわたり政治紛争をもたらし、訴訟に発展してきたのである。

公務員の労働基本権の制限をめぐる問題は、一九七〇年代の一連の最高裁判決によって一定の「決着」がつけられたとされている。国家公務員に関しては、一九七三年の全農林警職法事件判決で争われた。(5) 最高裁は公務員と民間労働者との違いに着目し、①公務員の「職務の公共性」に伴う「国民全体の共同利益」からみた制約の正当性、②公務員給与決定における勤務条件法定主義、財政民主主義の存在、③公務員ストライキにおける「市場の抑制力」の不在、そして、④人事院という第三者機関の設置による代償措置の具備を理由として、国公法による制約は合憲であるとの判断を示した。(6)

このうち、本章で注目したいのは、④の代償措置の存在である。第1章にみたように、人事院は国家公務員の給与に関して、専門機関としての調査、報告、勧告の機能を果たすことにより、労働基本権制約の代償措置として機能することが前提とされていた。この人事院による代償措置に関して、最高裁判所調査官による同判決の解説では、「代償措置の存在はその労働基本権制約の『条件』ということになろう」との指摘がなされている。(7) 実際に、同判決の理由を記した岸・天野両裁判官による補足意見でも、「もし仮りにその代償措置が迅速公平にその本来の機能をはたさず実際上画餅にひとしいとみられる事態が生じた場合には、公務員がこの制度の正常な運用を要求して相当と認められる範囲を逸脱しない手段態様で争議行為にでたとしても、それは、憲法上保障された争議行為であるというべきである」[8]として、人事院による代償措置の存在は、労働基本権制約の必要条件であることが示されていた。

同様に、地方公務員の労働基本権制限に関して合憲判断を示した一九七六年岩手学テ事件最高裁判決でも、この「条件」としての代償措置について言及されている。[9]同判決では、各自治体の人事委員会が「必ずしも常に人事院の場合ほど効果的な機能を実際に発揮しうるものと認められるかどうかにつき問題がないではないけれども、なお中立的な第三者的立場から公務員の勤務条件に関する利益を保障するための機構としての基本的構造をもち、かつ、必要な職務権限を与えられている」として、人事委員会の機能に疑念が呈されていた。同判決においても岸・天野両裁判官による補足意見が示されており、「われわれが、さきにいわゆる全農林事件判決……において、非現業の国家公務員の争議行為を禁止することが違憲とされないためには、適切な代償措置が設けられ、かつ、それが本来の機能を果たすものと認められるべきことに関して、多数意見に対する追加補足意見として言及したところは、本件のような地方公務員の場合にも同じく当てはまることでなければならない」として、その「条件」としての位置づけが強調されていた。このように、人事院と人事委員会という代償措置の存在は、公務員の労働基本権を制約する上で不可欠な条件とされていたのである。[10]

（2）代償措置の「外注」状態

しかし公立学校教員に関しては、他の公務員と異なり、労働基本権制約の「条件」とされた代償措置をめぐり、その正当性が疑われる法状況が固有に現出している。その要因となったのが、先にみた国立学校準拠制の廃止である。

すでにみたように、旧教特法二五条の五により「公立学校の教育公務員の給与の種類及びその額は、当分の間、国立学校の教育公務員の給与の種類及びその額を基準として定める」とされた。これにより、各都道府県の公立学校教員の給与は、職務の級も、具体的な給料額も、国立学校に準拠して設定されてきた。国家公務員である国立学校教員を対象とする人事院の調査、報告、勧告機能が公立学校教員にも重要な役割を果たしてきた。実は、国家公務員のみを対象とする人事院勧告が地方公務員にも影響を与えるという性質は、一般の公務員においても同様の側面があった。すなわち、一般の地方公務員の場合も同じ職種の国家公務員が存在することから、各自治体の人事委員会の多くは、「人事院の給与勧告とほぼ同じ内容の勧告が行われ、これに基づいて給与条例などの改正案が作成され、議会がこれを議決するというやり方が通例になっている」と指摘されてきた[11]。いわば、一般の地方公務員の労働基本権制約の代償措置もまた、人事院に依存してきたのである。実際に、東京都を除いて、人事院と同等の本格的な調査、勧告を行う人事委員会は存在しないことから、人事院への依存体質も指摘されている[12]。これは、公務員給与の「均衡原則」のもと、国にも地方にも同業種の公務員が存在することが前提となって成立してきたといえる。

このような、人事院に依存した代償措置の仕組みを公立学校教員のみを対象として突き崩したのが、国立大学の法人化であった。国立学校の多くは国立大学附属学校だったが、その教職員は国家公務員身分を外れ、給与は法人ごとの就業規則によって決定されることとなったのである。国立学校準拠制の廃止により同一職種の国家公務員が存在しなくなったことから、人事院の調査、報告、勧告機能は、公立学校教員の給与に関して実質的に反映されない仕組みとなった。そもそも労働基本権の制限の代償措置として人事院が地方公務員に対して重要な役割を果たしてきたことに鑑みるなら、公立学校教員は、その代償措置を十分に受けられない存在になったといえる。

実際に、国立学校準拠制の廃止後、全国の人事委員会では、教職員の給与に関する調査、勧告機能を人事院と同等には担えないことが問題となった。そのため、各自治体の人事委員会の全国組織である全国人事委員会連合会は、人事院の外郭団体である一般財団法人日本行政人事研究所に教員の「モデル給料表」の作成を依頼している。これを全国人事委員会連合会が、各地域の人事委員会に提供し、議会、首長への勧告がなされるという手法がとられたのである(13)。

この「モデル給料表」の提供という手法が示すのは、公立学校教員の労働基本権の代償措置が「外注」状態にあるという事実である。このような仕組みは、人事院の調査・勧告機能によって保障されるはずの代償措置が、公立学校教員からは剝奪されていることを示している。ゆえに、依然としてその労働基本権を制限することの正当性が問われる法状況が噴出しているといえる。

第Ⅱ部で詳述するように、給特法にもとづく無定量な労働時間をめぐる問題が、教員の労働基本権を制限し、労働条件の決定過程から当事者を排除することによって形成されてきたという経緯からみても、勤労者の労働基本権を保障する憲法二八条をめぐる古典的な命題が、改めて議論の俎上に載らざるをえない。公立学校教員の給与決定の仕組みや多忙化をめぐる問題は、憲法二八条問題に発展しうる争点であることが踏まえられるべきであろう。

4　国立学校準拠制廃止後の教員待遇——東京都における教員給与制度改革

国立学校準拠制が廃止され、教員給与の決定が各都道府県レベルに移譲されたことにより、都道府県の教員給与にも大きな変容がみてとれる。ここでは、公立学校教員の給与制度改革を先行的に実施した東京都を事例として検証する(14)。

東京都では二〇〇四年度からの国立学校準拠制廃止を控えて、二〇〇三年五月に「教員給与制度検討委員会」が設置され、「第一次報告」(二〇〇三年一〇月)、「第二次報告」(二〇〇五年八月)がそれぞれ提出された。「第一次報告」は主に、従来一律に支給されてきた諸手当の支給方式の変更について、「第二次報告」は主に給料表や職階制について提言を行い、この内容は二〇〇六年七月に提出された「教員の職のあり方検討委員会」の報告書に引き継がれている。

なお、二〇〇七年の中教審答申「今後の教員給与の在り方について」では、先行する東京都の教員給与の改革モデルが多く採り入れられており、この答申のもと、東京都を端緒とする主幹教諭の導入が多くの自治体にも採用されてきた。さらに、二〇〇七年には学校教育法改正により、新しい職種として主幹教諭、指導教諭が法律上定められ全国化されることとなったのである。さらには、二〇一四年には地公法改正により、公立学校教員を含めて人事評価制度が導入され、評価結果と給与等の待遇を結びつけることが義務付けられており、今後さらに以下にみる東京都と同様の給与制度改革が拡大していく可能性がある。(15)

（1）手当の減額と差別化

東京都における国立学校準拠制廃止後の教員給与制度改革は、まず「第一次報告」を受けて、教員の諸手当等の支給方式の変更から着手された。その変化は、まずもって給特法を根拠とする教職調整額の支給方式にみることができる。

公立学校教員の給与は従来、給特法により教職調整額の率が法律によって定められてきたため、東京都でも給料月額の四%が一律に支給されてきた（旧義務教育諸学校等の教育職員の給与等に関する特別措置に関する条例三条）。これに対し二〇〇五年四月一日からは、大学院派遣研修等に参加している者については二%の支給にとどめるとされた。また、東京都が全国に先駆けて導入した指導力不足教員制度と教職調整額を連動させ、「指導力ステップアップ研修」を受講している者は二%の支給に、さらに、この研修を受けた後に、なお児童等に対する指導を適切に行うことができないと認定、通知された者への支給は一%にとどめるとされた（教職調整額に関する規則二条）。(16)

また、高校の定時制通信教育手当に関しても、具体的な手当額が法律上削除されたことに伴って、支給額の大幅な削減が行われる。従来、管理職以外の教員では法定の給料月額一〇％が一律に支給されていた。それが現在、給料月額の割合は五％へと大幅に削減され、さらに、任期付きの教員の場合は従来の八％から三％へと減額されている(定時制通信教育手当支給に関する規則二条)。同様に産業教育手当に関しても、従来は定時制通信教育手当の非受給者に関しては、給料月額の一〇％が一律に支給されてきた。これに対し現在は、「実習を伴う農業又は水産に関する科目」の担任、及び実習助手には給料月額の八％が、また、「実習を伴う工業に関する科目」の担任、及び実習助手には給料月額の六％が支給されるという方式に改められた(産業教育手当支給に関する規則二条一項)。

さらに、人確法を根拠として支給されてきた「義務教育等教員特別手当」にも大きな変化がみられる。東京都では「義務教育等教員特別手当に関する規則」により、給料表の号給に応じて具体的な手当額が定められてきたが、後にみる「主任教諭」の導入に伴って、二〇〇九年の規則改定により大幅に引き下げられている。**図1**は、旧規則と二〇〇九年改正規則の手当額を教員の経験年数に応じて比較したもので[17]、二〇〇九年改正規則により手当額の水準が引き下げられるとともに、その伸び幅も大幅に抑制されている。仮に四年制大学新卒者で三八年間の在職年数を経た場合の手当額の生涯格差は、約一六八万円にも達する計算となる。人確法成立当時、給料月額四％から六％相当支給されていた義務教育等教員特別手当は、現在、初任給に換算すると約一・二八％にまで落ち込んでいる。ここに、国立学校準拠制の廃止に伴い、人確法

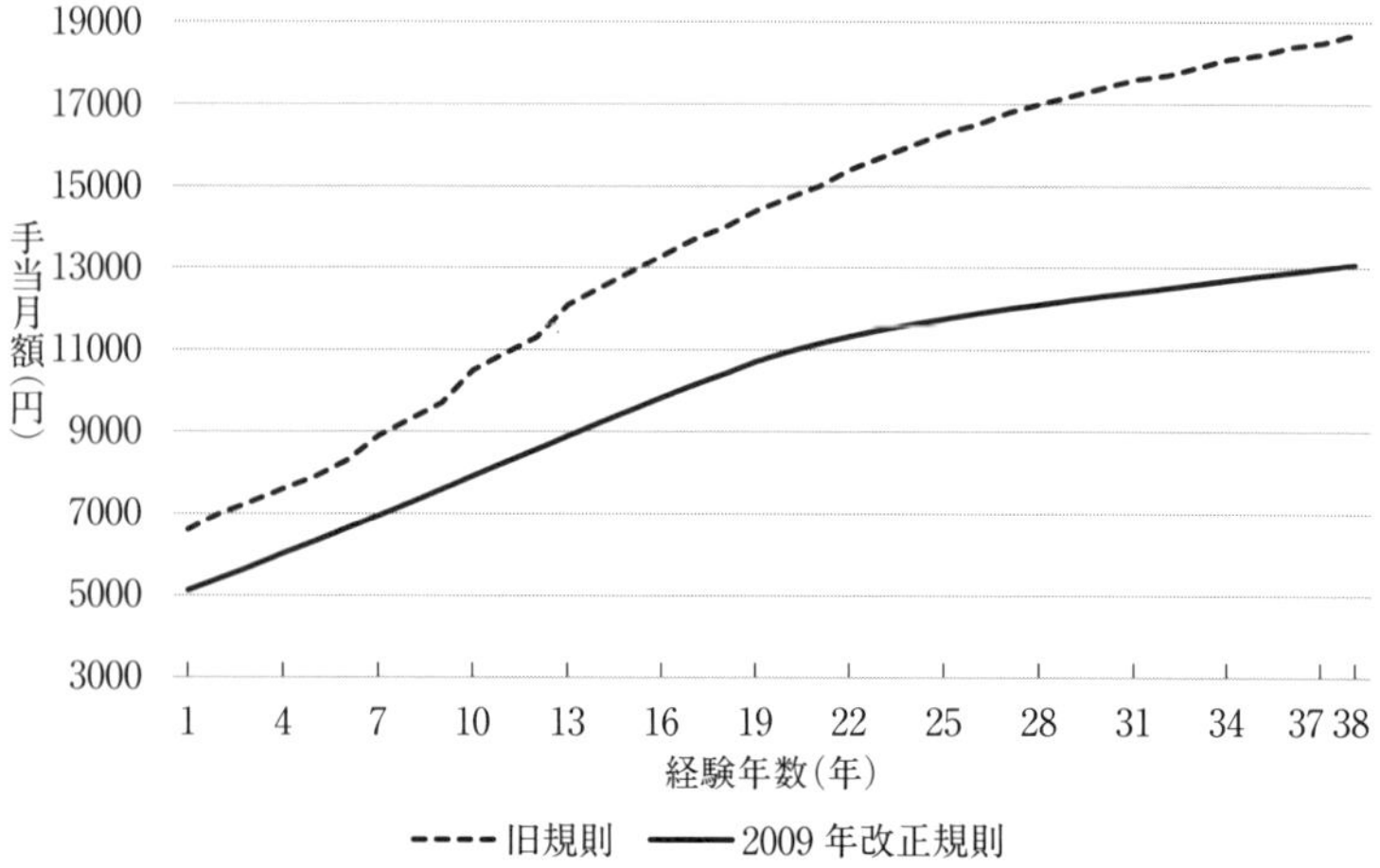

図 1　義務教育等教員特別手当支給比較

による教員給与優遇措置が空文化された影響の一端をみることができる。

このように、国立学校準拠制廃止の影響により、従来の手当支給額からの水準低下が起こっていることが東京都の例からも示されている。また教職調整額の支給方式にみられるように、単に手当支給額の水準低下にとどまらず、指導力不足教員制度との結びつけにより、支給方式の差別化、ないし傾斜配分の方式が採り入れられたことも注目される。

（2）給料表の改訂に伴う減額カーブ

東京都における教員給与制度改革は、給与の本体を決定する給料表の改訂にもみてとれる。国立学校準拠制のもとでは、国立学校教員の「四本建俸給表」に応じた給料表が採用され、高等学校、小中学校教員でも国立学校と同様に「四級制」が採用されてきた。また、給与法に定められた国立学校教員の俸給月額が、ほぼ同一内容で東京都の公立学校教員の実際の給料月額にも反映されてきた。

表1は、国立学校教員を対象とする最後の給与法となった二〇〇三年改正法による小中学校教員の俸給表と、これをうけて二〇〇四年に改訂された東京都の給与条例による給料表の比較である。ここにみられるように、共通する三六号給までの給料月額は、ほとんどすべて同じ月額が設定されていた。この給料表のもと、教職員は経験年数に応じて、一年間の勤務の後に一号給昇給させる「一号上位昇給制度」が用いられてきたのである。それが国立学校準拠制の廃止により、給料表の体系に大幅な修正がなされることになる。(18)

東京都ではまた、二〇〇三年に全国に先駆けて「主幹教諭」が導入された。これにともない、二〇〇四年より小中学校教員と高等学校教員の給料表には、「特二級」が新設され、「五級制」の給料表へと再編される。また、二〇〇六年には「号給四分割制」が採用され、従来の「一号上位昇給制度」に代わり、これまでの一号給を四分割した上で、昇給させる号給を勤務成績に応じて差別化する仕組みがつくられたのである。二〇〇六年に制定された東京都の「昇給に関する基準」によれば、職員の昇給は定期評定と欠勤等の日数、及び処分歴にもとづいて行われ、このうち定期評定は毎年度の人事考課によるものとされた。(19)この勤務成績にもとづく昇給の決定は、「最上位」(六号給の昇給)、「上位」(五号給)、「標準」(四号給)、「下位」(三号給)の四つの段階に区分され、このうち「最上位」と「上位」の割合は、在職人員の三〇%以内、特に「最上位」については五%以内とされている。このように、「号給四分割制」は人事考課と結びつけ

表1　小中学校教員の俸給表(国立学校)と給料表(東京都)の比較

号給	2003年給与法	2004年東京都条例
1	—	—
2	162,900	162,900
3	171,200	171,200
4	180,200	180,200
5	191,100	191,100
6	198,000	198,000
7	205,000	205,000
8	212,400	212,400
9	220,300	220,300
10	231,300	231,300
11	242,800	242,800
12	254,400	254,400
13	266,700	266,700
14	279,400	279,400
15	292,500	292,500
16	306,100	306,100
17	319,500	319,500
18	332,100	332,100
19	342,000	342,000
20	351,800	351,800
21	361,700	361,700
22	370,000	370,000
23	378,200	378,200
24	385,800	385,800
25	392,600	392,600
26	398,900	398,900
27	404,600	404,600
28	409,800	409,800
29	414,600	414,600
30	419,400	419,400
31	424,100	424,100
32	428,100	428,100
33	432,300	432,300
34	436,200	436,200
35	439,800	439,800
36	442,200	442,300
37	—	444,800
38	—	447,300
39	—	449,800
40	—	452,200
41	—	454,600
42	—	457,000
43	—	459,400

られることにより、従来の年功による自動昇給の仕組みを改変し、成果に応じた報酬という新たな給与方式を導入したのである。

さらに二〇〇八年には、新しい職として「主任教諭」が新設され、二〇〇九年より教員の給料表に「六級制」が導入される。公立学校教員の給料表は、「一級」が助教諭、講師等、「二級」が教諭、「三級」が主任教諭、「四級」が主幹教諭、「五級」が副校長又は教頭、「六級」が統括校長又は校長がそれぞれ該当するものと再編された（学校職員の初任給、昇格及び昇給等に関する規則二条別表第一）。また、この二〇〇九年の給料表改訂では、高等学校教員の独自給料表が廃止され、小中学校教員と高校教員の給料表が一本化されることとなった。このように、「六級制」とされた小・中・高の統一給料表は、従来、「二級」として包摂されてきた一般教員（classroom teacher）を教諭、主任教諭、主幹教諭という職階に区分し、その待遇を差別化した点に特徴がみられる。

（３）教員給与切り下げと待遇格差

こうした給料表の改訂をうけて、具体的な給料額にも大きな変化が生じることとなる。**図２**は東京都の教員のうち大多数を占めている「教諭」を対象とする二級の給料表の前記改革に応じた比較である。[20]東京都では、二〇〇三年に主幹教諭が導入され、二〇〇四年から「特二級」が新設された。先にみたように、二〇〇四年時点の給料表は、国立学校教員の俸給表と同一水準が維持されていた。また、号級四分割制が導入された二〇〇六年の給料表にみても、給料額

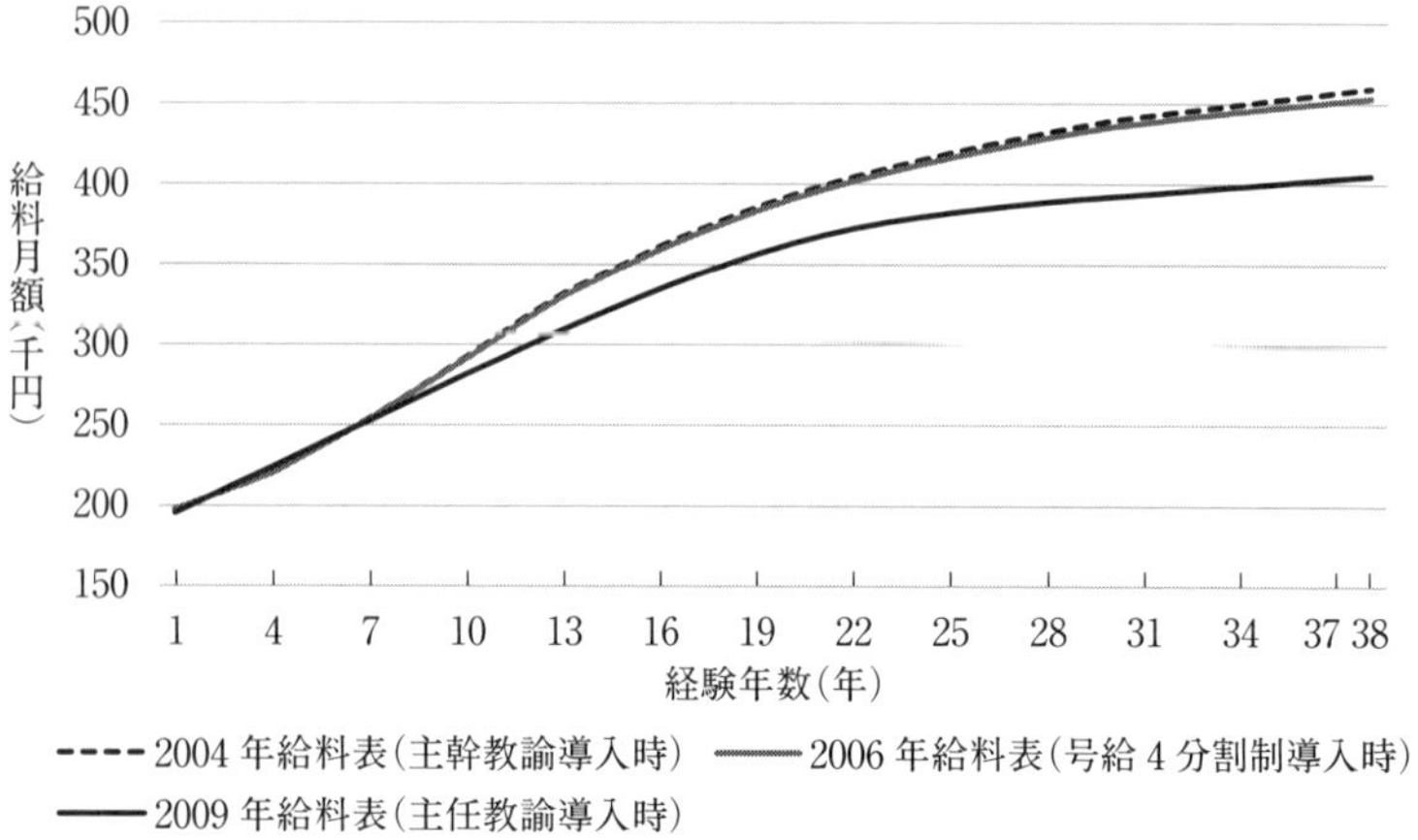

図 2　「2 級」(教諭相当)給料表年度別比較

は漸減にとどまっている。ところが、主任教諭の導入に伴い二〇〇九年の給料表に六級制が採用されたことにより、二級にあたる教諭の給料月額は大きく引き下げられたことがわかる。こうした大幅な給料額の引き下げには、給料表上の減額に加えて、二〇〇九年以降、四年制大学卒業者の初任給が、従来の「二級一七号給」から「二級九号給」に「格下げ」されたことが大きく影響している(学校職員の初任給、昇格及び昇給等に関する規則)。

これらにより、国立学校への準拠が維持されていた二〇〇四年と二〇〇九年の教諭職の新旧給料表を四年制大学新卒者の在職年数を三八年間と仮定して比較すると、その差額はおよそ一二七一万円にも及んでいる。これに先の義務教育等教員特別手当の差額を加えると、生涯給与額の差額は一四三九万円にも及ぶ「減給」となる。

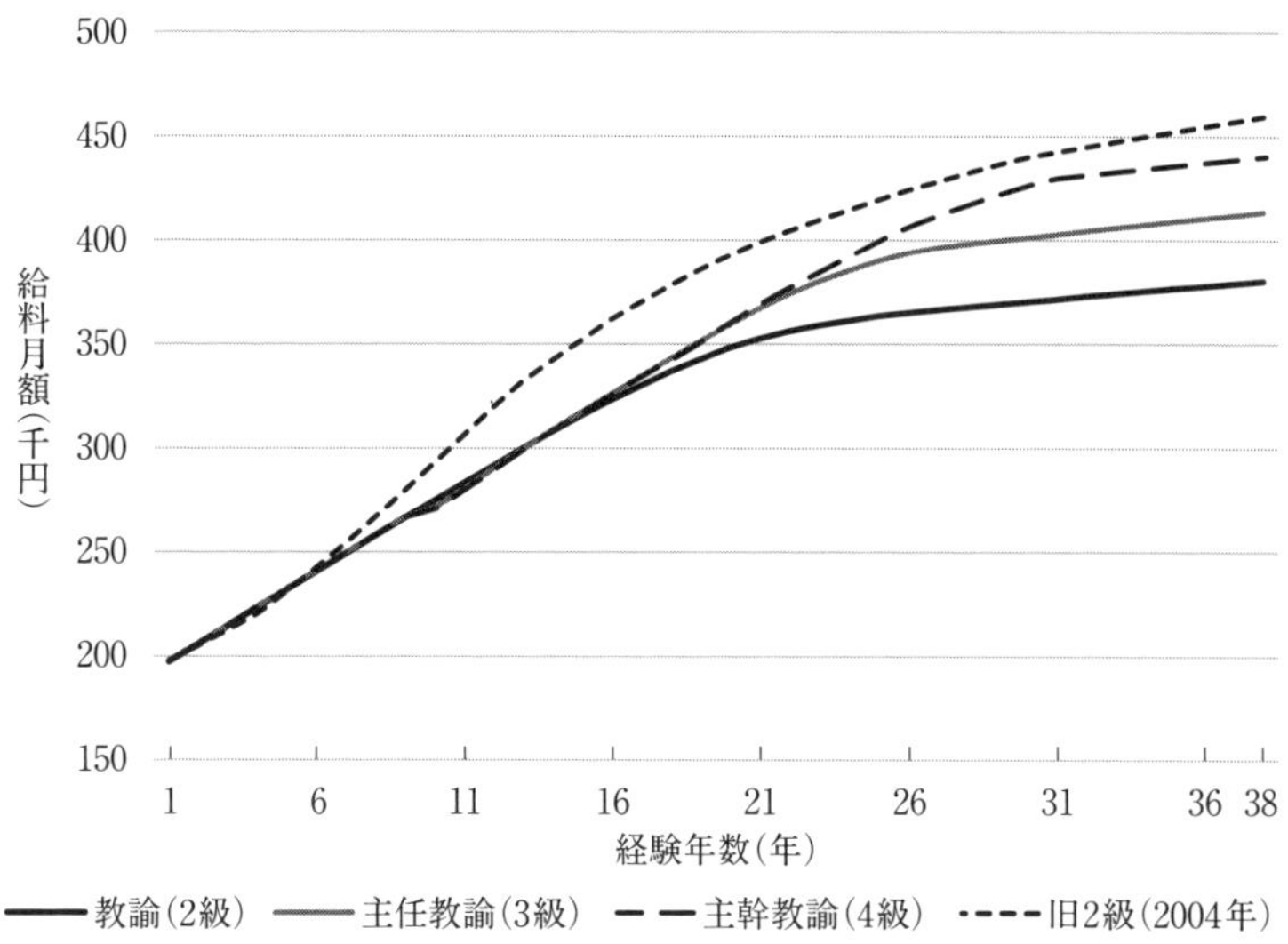

図3　級別給料表比較(2021年4月給料表)

また**図3**は、二〇二一年四月に施行された最新の給料表をもとに、四年制大学新卒者が「標準」昇給のみで三八年間在職すると仮定して、教諭(二級)のまま在職期間を終えた場合(生涯教諭モデル)と、一〇年目に主任教諭(三級)に昇任した場合(一〇年目主任教諭昇任モデル)、二〇年目に主幹教諭(四級)に昇任した場合(二〇年目主幹教諭昇任モデル)、そして二〇〇四年時の旧二級の場合(旧二級モデル)の給料推移を比較したものである。[21] 一見して分かるのは、各モデル間の給与格差とともに、現在の給料表でもっとも上にある二〇年目主幹教諭昇任モデルよりも、旧二級教諭モデルのほうが上にあるということである。

ここにみられるように、国立学校準拠制が維持されていた二〇〇四年の給料表と比較した場合、これら給与の差別化は新しい職への給与の上乗せによって設定されたわけではなく、むしろ教諭職全体の給与切り下げによって設定されたことがみられる[22]。東京都における教員組織の階層化と給与の差別化は、能力・業績優秀者への「報償」(award)としてではなく、むしろ二級教諭職にとどまる者への「制裁」(sanction)として設定されており、全教職員を昇任競争に巻き込むものといえる。

この給料表に示された給料月額に、教職調整額の四%と東京都特別区の地域手当二〇%を乗じた上で、生涯給料額の格差を比較してみると、生涯教諭モデルと一〇年目主任教諭昇任モデルとの生涯給料の差額は七八六万二四四〇円となり、二〇年目主幹教諭昇任モデルとの差額は一三〇一万四一四四円に及ぶ。

給料月額の格差は、当然、退職金の支給額にも及ぶ。東京都の退職金は、退職時の給料月額にもとづいて計算される退職金基本額と退職金調整額によって構成されるが、いずれも前記の級の違いが影響をあたえる。同じく三八年間の在職を仮定して計算すると、生涯教諭モデルの退職金は一七二四万七〇一六円、一〇年目主任教諭昇任モデルは二二〇七万三八三二円、二〇年目主幹教諭昇任モデルは二四四四万三六三二円と算出される[23]。

この退職金の差額を、先の生涯給料額の格差に反映させ、さらに現在、給料月額四・五五ヶ月分とされている期末手当、勤勉手当を含めると[24]、三八年間在職による生涯給与の格差は、生涯教諭モデルと一〇年目主任教諭昇任モデルとで一八二三万六〇四一円、二〇年目主幹教諭昇任モデルとは二五三五万六五五円の差に及ぶ。極めて甚大な経済的制裁が「生涯一教師」を選ぶ生涯教諭モデルの教員に課せられている。

なお二〇二〇年現在、二級教諭職の占める割合は、東京都の公立小学校で八〇・〇一％、中学校で七七・四％、高校で八一・四三％と依然として高い(25)。先の東京都「教員の職のあり方検討委員会」の報告書では、当時全教職員の約八五％に及ぶとされた二級教諭職を、新しい職に率先して割り振ることが示されていたが、それはほとんど達成されていない。人件費の大部分を占める二級教諭職の給料額を「新しい職」の導入によって引き下げたことは、教員を昇任させて報酬インセンティブを与えるよりも、人件費支出削減を本旨としていたといわざるをえない。

このように、国立学校準拠制廃止後の改革動向からは、学校教育の主要な当事者である教諭の給料、諸手当の水準低下を生み出していることが示されている。特に教員給与の本体である給料表の改訂は、教員の大部分を占める教諭職の給与を低下させ、総体として人件費の削減方策に利用されていることがうかがえる。

さらに東京都の教員給与制度改革には、単なる給与水準の引き下げにとどまらず、給料表の改訂や手当の支給方式の変更により、教員給与を成果主義と競争主義にもとづいて再編しようとする動きも伴っている。この現状からは、国立学校準拠制から「解放」された東京都が、給与の配分方式を競争的、差別的に再編することにより、評価と給与制度を通じた教員の管理統制方式を確立したことが示されている。

5　小括——「意識」「文化」に還元できない多忙化の要因

以上、公立学校教員の給与や労働条件を定める法制度の概要をみてきた。二〇〇〇年代以降の教員給与法制の改変は、国立学校準拠制にもとづいて教員の給与と労働条件を全国的に保障するという仕組みを解体し、教員の労働条件を相対的に引き下げる役割を果たしてきた。実はこのことが、本書がメイントピックとする教員の多忙化の制度的背景になってきたことを最後に確認し、これを乗り越える上で不可欠な視点を提示し、以下の章に引き継ぎたい。

国立学校準拠制廃止により、各自治体では教員給与の引き下げに留まらず、競争的、差別的な給与制度を導入することで教員への管理・統制を強化してきた。世取山洋介は、法人化された国立大学の分析を通じて、新自由主義教育改革による新たな支配方式を「金銭の支配力」による統制と位置づけている。すなわち、「政府によるある特定の作用の供給およびそのための財政支出の義務付けに関わる民主的に設定された普遍的なルールを撤廃・緩和して、そのルールから政府を解放し、政府にそれが保有する貨幣の使用目的、配分量、配分方法および支給先の決定に関する自由裁量を与えること」（傍点―引用者）と特徴づけ、これを新たな国家統制の方式とする。[26] 教員給与決定の都道府県条例への大幅な権限委譲は、法律にもとづく給与決定のルールから都道府県を解放し、教員給与の仕組みを「金銭の支配力」にもとづいて再編する方途を提供するものになったといえる。その意味で、国立学校準拠制の廃止は、教員給与の水準低下を促すにとどまらず、「金銭の支配力」にもとづく教員統制の仕組みをつくり上げる素地を形成したのである。

このような新たな統制のもと、教師たちは評価とこれに伴う「制裁」を意識しながら職務に従事することを強いられている。教員の多忙化の要因を、教師の善意からくる意識論、ないし、学校内における文化の問題とする見解もあり、そこでは「職員室の外で働き方改革の世論が高まっている限り、学校が大胆な業務削減を打ち出すことの大義は十分にある。あとは、職員室内でそれを決断できるかどうかである[27]」との提起が行われる。しかしながら、先にみてきたように、評価に連動した制裁としての給与制度が存在するなかで、教師たちは善意によって自ら欲して仕事をしているというよりも、管理と評価という強制力のもとに働かされているといった方が適切であろう。

また、第Ⅱ部で詳述するように、職員会議は、もはや教師たちの話し合いの場や学校運営の意思決定機関ではなくなっている。校長を主宰者とし、校長の職務の補助機関とされた職員会議は、業務の削減を「決断」できるような場所ではなく、評価を背景とする校長の管理機関となってきたのである。また、先にみてきた教師の労働基本権、なかでも団体交渉権を制約してきたことは、教師が自らの働き方に対して意見を表明し、合意形成を行う機会を奪うことで、教員への管理統制を容易にしてきたといえる。前記のような教員給与改革を含めた「『新自由主義教育改革』のもとで形成された競争的環境こそが、『働き方改革（ブレーキ）』を無効なものとし、教職員の勤務時間を大幅に増大させ続けている[28]」という教師を取り巻く支配構造にこそ目が向けられるべきであろう。この支配構造に目を向けずに、教師の意識論、文化論のみに還元することは、現に存在している教師の多忙化状況を自己責任化し、その苦悩をさらに深めることになろう。

それゆえ、教師の多忙化をめぐる問題については、これら二〇〇〇年代の構造改革以降に実施されてきた教師の給与や労働条件をめぐる法構造の全体を視野に入れる必要がある。給特法は教師の多忙化を加速させてきた制度的主要因ではあるものの、その改廃ですべての問題が収まるものではない。本章でみてきた法制度を確立した新自由主義教育改革からの脱却こそが、根本的な出口として求められているといえるだろう。その具体的な出口をめぐる立法論については、本書のさいごに改めて検討したい。

＊＊＊

以上、第Ⅰ部でみてきたように、教員の給与や勤務時間をめぐる法制度は、国立学校準拠制と人事院体制を前提とした中央省庁と教員組合の全国組織との中央交渉、ないし、政治交渉のもとで形成されてきたという成立事情をみることができる。そして、この仕組み自体が、いわゆる「五五年体制」という保守勢力と労働運動との対立構造のもとで形成されてきたという政治的綱引きの産物でもあることがみられる。そして、国立学校準拠制の廃止後、教員の労働条件は地方レベルの政治に委ねられ、給与水準の相対的低下をもたらすとともに、「金銭の支配力」にもとづく教員支配を強化してきた。

そこで重要な点は、給特法を含めた教員の労働条件をめぐる法制度が、教員に固有な「あるべき仕組み」を考慮して形成されたものではなく、あくまで政治的妥協の産物であるという事実である。政治的考慮を優先させた法制度は、当然にして学校現場の教育事実との齟齬を来すだけでなく、労基法を中心に形成された労働時間規制をめぐる基本原則とも矛盾することになる。第Ⅱ部においては、この給特法をめぐる齟齬、ないし、矛盾に焦点をあてる。

【注】

（1）これらの法改正と教員定数への影響については、世取山洋介・福祉国家構想研究会編『公教育の無償性を実現する―教育財政法の再構築―』大月書店、二〇一二年の1章、4章、5章、および山﨑洋介・ゆとりある教育を求め全国の教育条件を調べる会『いま学校に必要なのは人と予算―少人数学級を考える―』新日本出版社、二〇一七年に詳細が示されている。

（2）国立学校準拠制廃止に伴う教員給与の変化に早期から注目する研究として、押田貴久「国準拠制廃止に伴う神奈川県の教員給与改革」『日本教育行政学会年報』三三号、二〇〇七年、一五二頁、田中真秀「公立義務教育諸学校における教員給与の都道府県間の差異―近年の47都道府県における教員の初任給を分析して―」『日本教育行政学会年報』三六号、二〇一〇年、一四一頁。

（3）なお、国立学校の法人化に伴い、公立学校教員の「超勤四項目」については、二〇〇四年四月一日施行の「公立の義務教育諸学校等の教育職員を正規の勤務時間を超えて勤務させる場合等の基準を定める政令」により維持されている。

（4）萬井隆令「公立学校教師の超勤問題について―京都市教組超過勤務是正裁判についての意見書―」『労働法律旬報』一六一〇号、二〇〇五年、三二頁。同旨、早津裕貴「公立学校教員の労働時間規制に関する検討」『季刊労働法』二六六号、二〇一九年、五七頁。

（5）最大判昭四八・四・二五刑集二七巻四号五四七頁。
（6）中村睦男「労働基本権」芦部信喜『憲法Ⅲ 人権（2）』有斐閣、一九八一年、五二頁、芹沢斉・市川正人・阪口正二郎編『新基本法コンメンタール 憲法』日本評論社、二〇一一年、二四二頁〔倉田原志執筆〕。
（7）向井哲治郎「全農林警職法事件判例解説」『法曹時報』二六巻六号、一九五四年、一〇四九頁。
（8）最大判昭四八・四・二五刑集二七巻四号五八〇―五八一頁。
（9）最大判昭五一・五・二一刑集三〇巻五号一一七八頁。
（10）なお、全農林警職法事件、岩手学テ事件最高裁判決においては、公務員の争議権（ストライキ権）が主たる争点とされていたが、岩手学テ事件においては、代償措置論に関して「地方公務員の労働基本権の制約に見合う代償措置」と述べられるように団体交渉権も含めた判断がなされている。また、国家公務員の団体交渉権制約を争った国立新潟療養所事件最高裁判決（最三小判昭五三・三・二八判タ三六二号二〇〇頁）でも、全農林警職法事件判決の判断枠組みが直接的に採用されているように、代償措置の存在は、争議権のみではなく、団体交渉権の制約における「条件」ともなっていることが示されている。
（11）橋本勇『新版 逐条地方公務員法（第5次改訂版）』学陽書房、二〇二〇年、五二二頁。それゆえ、同書では各自治体の人事委員会の調査・勧告機能を実質化させる必要性が指摘されている。
（12）西村美香『日本の公務員給与政策』東京大学出版会、一九九九年、一〇九頁。
（13）なお、日本人事行政研究所は、二〇一五年一〇月一日に一般財団法人公務人材開発協会に統合されている。
（14）国立学校準拠制廃止後の教員給与問題の一つとして、教員の「非正規雇用化」があげられるが、本書では正規採用教員の給与制度改革に焦点をあてる。なお、これらの法改正に伴う全国的な教員の非正規雇用化の問題については、橋口幽美「常勤講師・非常勤講師は、こんなふうに増えている。」『季刊教育法』一六六号、二〇一〇年が詳しい。
（15）二〇一四年地公法改正に伴う人事評価の導入については、晴山一穂「日本国憲法から見た教員評価の法的問題」『日本教育法学会年報』四九号、二〇二〇年、七六頁、髙橋哲「行政改革としての教員評価＝人事評価制度―日米比較からみる教員評価政策の日本的特質―」『日本教育行政学会年報』四一号、二〇一五年、三七頁。

(16) 同様に横浜市においても、「教職調整額に関する規則」の改正により、二〇〇八年四月から休職者、長期研修、指導改善研修にある者は教職調整額が一％に変更されている。

(17) 「学校職員の初任給、昇格及び昇給等に関する規則」にもとづき、初任者の号給を設定した上で、「標準」昇給により経験年数を経た場合を想定している。

(18) 以下にみる東京都の教員給与関連の条例、規則、給料表については各年版の『都政六法』(学陽書房)、および『東京都教育例規集』(ぎょうせい)を参照した。

(19) この人事考課の具体的な評価方法に関しては、岩月真也『教員の報酬制度と労使関係―労働力取引の日米比較―』明石書店、二〇二〇年の第５章が詳しい。

(20) 注(17)と同様の手法にもとづき、号給四分割制導入以降は、「標準」昇給により経験年数を経た場合を想定している。

(21) 旧二級(二〇〇四年)を除き、二〇二一年四月以降に施行された最新版の教育職給料表については、東京都人事委員会ＨＰより入手した(https://www.saiyou.metro.tokyo.lg.jp/saisin_kyuuryouhyou.html 二〇二一年一二月一日最終閲覧)。

(22) 岩月は、アメリカとの比較をもとに、評価にもとづく報酬制度が、アメリカでは予算増による追加報酬によって実施されるのに対して、日本では既存の報酬原資を使用して実施されるという違いを指摘する(岩月・前掲書、二〇二〇年、三二六頁)。

(23) 東京都の「職員の退職手当に関する条例」、ならびに、「職員の退職手当に関する条例施行規則」に示された退職金の算出ルールをもとに試算している。このうち、「二〇年目主幹教諭昇任モデル」に関しては、退職金調整額の試算にあたり、退職直前の二〇年間のうち、一年間を主任教諭、一九年間を主幹教諭として在職したと仮定している。

（24）東京都の「学校職員の給与に関する条例」二四条、二四条の二に定められた期末手当、勤勉手当の割合が三八年間継続すると仮定し、さらに、学校職員の勤勉手当に関する規則をもとに、私事欠勤等や懲戒処分に伴う減額がないものと仮定して算出している。

（25）東京都「令和2年度 学校基本統計（学校基本調査報告書）」（https://www.toukei.metro.tokyo.lg.jp/gakkou/2020/gk20qg10000.htm 二〇二一年一二月一日最終閲覧）に示された数値より算出。

（26）世取山洋介『国立大学法人法（制）と『学問の自由』』『日本教育法学会年報』三四号、二〇〇五年、一〇一頁。

（27）内田良「学校は変われるか―職員室の内と外から教師の働き方を考える―」『日本労働研究雑誌』七三〇号、二〇二一年、四八頁。

（28）石井拓児「新自由主義教育改革下の教育政策と学校教職員の多忙化問題」日本教育行政学会研究推進委員会企画、雪丸武彦・石井拓児編『教職員の多忙化と教育行政―問題の構造と働き方改革に向けた展望―』福村出版、二〇二〇年、三七頁。また、職員会議をめぐる法的変遷については、福嶋尚子「もの言わぬ教師はいかにつくられたか」内田良・斉藤ひでみ・嶋﨑量・福嶋尚子『#教師のバトンとはなんだったのか―教師の発信と学校の未来―』岩波ブックレット、二〇二一年、五四頁以降に詳しい。

第Ⅱ部
給特法の解剖
――本当は何が問題なのか？

第3章　給特法の構造と矛盾
――ゆがめられた教職の「特殊性」

1　はじめに――給特法というミステリー

前章まで第Ⅰ部では、現在の教員の給与や労働時間をめぐる法制度がいかに形成されてきたのか、また二〇〇〇年代以降の構造改革後の変容状況を確認してきた。なかでも教員の勤務時間管理という観点からみて最大の転換点であったのが給特法（現在は「公立の義務教育諸学校等の教育職員の給与等に関する特別措置法」）の制定であった。本章から始まる第Ⅱ部では、この給特法を主題としてとりあげていくことになる。それは、「聖職と労働のあいだ」にある教師という職業の性質を規定する、極めて重要な法的要素といえるからだ。本章では給特法とはいかなる法律なのかを、労働基準法（以下、労基法）の労働時間管理ルールとの比較によって検討し、さらに制定当時の国会審議をもとにその立法趣旨を検討する。

給特法を多くの人に分かりやすく伝える工夫として、同法を「定額働かせ放題」（第5章参照）と定義づける向きもある。たしかに、実態として起こっている教員の長時間労働をみるならば、その定義は分かりやすいかもしれない。

しかし、そこには問題もある。こうした表現は、「無定量な労働時間は給特法のもとで合法である」という定式を前提としている。だが、「給特法」のもとで起こってしまっている無定量な時間外労働という「実態」と、そもそも、このような現状が給特法のもとで合法なのか、という「法規範」をめぐる問題は分けて考えられなければならない。そして、後者の法規範の検討こそが現在の給特法論議に欠けている視点であるともいえる。その検討のために、われわれは給特法が本来的に、どのような立法趣旨でつくられた法律なのか、また、長時間労働に対する歯止めをそもそも備えない法律なのかを確認しなければならない。法律の具体的条文の意図が定かでない場合、裁判では法律制定時の立法趣旨が重要な判断要素となることから、給特法制定時の国会審議を確認することは極めて重要である。

そこで本章では、教員に特殊な勤務時間ルールを適用する給特法が、労基法の基本ルールからみていかなる特例を定める法律なのかを確認する。そして、この特殊ルールがいかなる立法趣旨にもとづいて定められたのかを給特法制定時の国会審議をみることで確認し、同法の立法者意思を検討する。本章の結論を先取りするならば、給特法の法構造、そして、制定時の立法者意思にみるならば、「実態」として起こっている教員の無定量な時間外労働は、給特法の建前からも矛盾しており、これらを「タダ働き」とする運用は、給特法のもとでも違法となる可能性がある。

2　労基法上の労働時間規制ルール

（1）あらゆる労働者の労働条件基準

まず確認されなければならないのが、公立学校教員も労働者である以上、憲法、労基法にもとづき、人として必要な最低限のルールを守った働き方が求められる、という点である。あらゆる特殊ルールは、この「最低限のルール」を遵守し、かつ、この水準を上回る労働条件、ないし、待遇を示すものでなければならない。

憲法二七条一項は、「勤労の権利」(労働権)を定め、二項はこの権利を保障するため「賃金、就業時間、休息その他の勤労条件に関する基準は、法律でこれを定める」と、労働者の勤務条件基準を法律によって定めることを命じている。これが、戦後憲法が確立した「勤労条件基準の法定主義」である。この憲法に定められた「勤労の権利」と「勤労条件基準の法定主義」を具体化する法律の代表例が労基法である。

労基法一条一項は「労働条件は、労働者が人たるに値する生活を営むための必要を充たすべきもの」とし、二項は、「この法律で定める労働条件の基準は最低のもの」と同法の最低基準性を明示している。これを担保するのが労基法一三条であり、そこでは「この法律で定める基準に達しない労働条件を定める労働契約は、その部分については無効とする。この場合において、無効となつた部分は、この法律で定める基準による」と定められる。つまり、労働条件が労基法の基準を満たさないような場合には無効であり、無効となった部分は労基法の基準が適用される。このうち、前者の法定の基準に達しない労働契約を無効とする効力を「強行的効力」と呼び、また、後者の無効となった契約部分を労基法の基準に従って補う効力を「直律効力」（直律効）と呼ぶ。(1) この労基法の最低基準性にみられるように、公立学校教員に労基法と異なる特殊ルールを適用する場合にも、労基法の労働条件を下回らないことが本来的に必要条件となる。

次に、労基法が定める具体的な「最低基準」の労働条件をみてみよう。周知のように、労基法三二条は、一週間あたりの労働時間の上限を四〇時間に設定し、一日の労働時間の上限を八時間と定めている。(2) また、一日の労働時間が六時間を超える場合は少なくとも四五分、八時間を超える場合は一時間の休憩を与えなければならず（三四条）、また、毎週少なくとも一回の休日を与えなければならない（三五条）。この労基法が定める上限（法定労働時間）を超えて労働者を働かせた場合（時間外労働）や休日に働かせた場合（休日労働）、その使用者は、労基法違反として「六箇月以下の懲役又は三十万円以下の罰金」に処せられる（一一九条一号）。これが、労基法の労働時間規制の基本原則となっている。

（2）時間外労働は「例外」

一方、労基法は、このような基本原則の「例外」として、時間外・休日労働を許容する場合の手続きを定めている。これが労基法三三条と三六条である。このうち、時間外・休日労働をさせる場合の通常手続きを定めるのが労基法三六条であり、そこで使用者は、①労働者の過半数で組織する労働組合、あるいは、過半数代表との協定(三六協定)を締結し、②行政官庁に届け出た場合に、労働者の労働時間を延長し、休日に労働させることができる。

時間外・休日労働をさせるにあたり、このような三六協定にもとづく方式を採用した意義について、労基法制定当時の労働省労働基準監督課長であった寺本廣作は、「労働者の団体による開明された意思に基づく同意」と「労働時間制に対する労働者の自覚」(傍点—引用者)を促進することを掲げている。いわば、労働者が自らの労働条件に意思表明を行い、労働時間をコントロールすることが求められていたのである。また、そもそも三六協定を結んでの時間外・休日労働も恒常的に行われることは想定されておらず、むしろ、「本来臨時的なものとして必要最小限にとどめられるべきもの」[3]と、あくまで法定労働時間規制の「例外」とされている。

時間外・休日労働のもう一つの「例外」方式が、労基法三三条に定められた「臨時の必要がある場合」である。この方式には二つの対象事由が示されている。第一が、「災害その他避けることのできない事由によって、臨時の必要がある場合」で、これは原則として事前に「行政官庁の許可」が必要とされている(三三条一項)。もう一つの事由が、「公務のために臨時の必要がある場合」(三三条三項)で、公務員を対象として行政官庁の許可がなくとも時間外・休日労働を命じることができる。後述するように、給特法による「超勤四項目」の時間外勤務は、実は、この三三条三項を根拠規定としている。この労基法三三条にもとづく時間外・休日労働は、三六条の例外であることから、労基法の労働時間規制からみて「例外の例外」[4]に位置付く方式であるといえる。

これら労基法三六条、三三条のいずれを根拠にするかにかかわらず、労働者に時間外・休日労働をさせた場合、使用者は所定の割増賃金を支給しなければならない（労基法三七条）。現在、政令により時間外労働に対しては二五％、休日労働に対しては三五％、さらに二〇〇八年の法改正により月六〇時間を超える時間については、その超えた時間に対して五〇％の割増賃金を支払うことが義務付けられている。この割増賃金の支払い義務は、一方では、当然ながら労働者の労働負荷に対する経済的補償を意味しており、他方では、上限規制を超えて労働者を働かせた使用者へのペナルティという側面がある。すなわち、使用者に割増賃金を支払わせることは、「通常の労働よりも経済的に割高にし、使用者が時間外労働を活用することを抑制する」(5)という目的にもとづいている。

これらの時間外労働や休日労働は、一般的に超過勤務（超勤）と呼ばれ、これらの超勤に対する割増賃金を超勤手当と呼んでいる。しかし、日本の労働法制は、超勤手当さえ払えば、何時間でも労働者を働かせて良いというルールを定めているわけではない。労基法は、あくまで三二条に定められた上限規制を基本原則とし、この上限を超えて労働者を働かせた使用者は罰則の対象とされるというものである。先にみてきた上限規制の「例外」を定めたルールは、前記の条件を満たした限りにおいて、働かせた使用者への罰則を免ずるという効力をもつことから、「免罰的効果」（免罰効）規定と呼ばれる。

なお、このような労基法上の上限規制ルール、あるいはこの上限への「例外」を定めるルールに使用者が違反した場合に備えて、労基法は違反行為に対する是正措置と罰則を備えている。労基法違反に対する是正措置は労働基準監督署等の職員である労働基準監督官に担われており、労働基準監督官には、臨検、書類提出要求、尋問の権限(一〇一条)、さらには、司法警察官としての逮捕、差押え、捜査、検証の権限が与えられている(一〇二条)。これらの捜査等により、労基法三二条(上限規制)、三六条(三六協定)、三七条(割増賃金)のいずれかに違反したことが明らかとなった場合には、使用者を「六箇月以下の懲役又は三十万円以下の罰金」に処するものとされている(一一九条一号)。

このように、労基法は、「労働者が人たるに値する生活を営む」ための最低基準であることから、そのルール違反に対する厳格な是正機能とペナルティを備えている。なお、教員を含め地方公務員には、原則として前記の労基法上の勤務時間管理のルールが適用されるが、労働基準監督権限については、人事委員会またはその委任を受けた人事委員会の委員、あるいは、人事委員会を置かない地方公共団体においては首長がこれを担うものとされている(地方公務員法五八条五項)。

後述するように、公立学校教員は給特法により労基法三七条のみが適用除外されているものの、三二条等の条文はそのまま適用されており、労基法の労働時間概念や労働時間規制そのものを変更するものではない。それでは、このような労基法の基本原則に対して、給特法はどのような特殊ルールを教員に採用しているのだろうか。次にこれを詳しくみてみよう。

3　給特法の構造

(1)給特法の特殊ルール

結論からいうならば、給特法はあくまで公立学校教員に「時間外勤務」をさせる上で特別な条件を定める法律である。つまり、労基法の労働時間規制そのものを無効にしたり、改編したりするものではない。

給特法は、労基法の時間外勤務をめぐる一般ルールからみて、以下にみる大きく五つの特殊ルールを公立学校教員に適用している。ここで注目しておきたいのが、給特法は労基法の条文の一部を地方公務員法(以下、地公法)を通して、「読み替える」という変則的な手法をとっているという点である(給特法五条)。地公法五八条三項は、公務員の職務の特質を理由として、労基法の条文の一部を適用除外することを定めているが、給特法五条は、この五八条三項を「読み替える」ことで、労基法の条文をさらに適用除外したり、あるいは労基法の一部の条文を『○○』とあるのを『△△』と読み替えて適用する」として、一部修正のうえ公立学校教員に適用するという法形式をとっている。以下五つの特殊ルールを説明する際、「読み替え」と記載している部分では、そういった適用がなされていることを意味しており、給特法を把握する上ではこの「読み替え」という手法を理解することが欠かせない。

給特法は第一に、給料月額四%に相当する教職調整額という、公立学校教員に特有の給与の支給を定めている。給特法三条は、「教育職員……には、その者の給料月額の百分の四に相当する額を基準として、条例で定めるところにより、教職調整額を支給しなければならない」としている。

第二に、この教職調整額の支給に伴い、給特法三条二項は「教育職員については、時間外勤務手当及び休日勤務手当は、支給しない」とし、さらに五条で地公法五八条三項の読み替えにより、一般の地方公務員には適用されている労基法三七条を公立学校教員のみを対象として適用除外する。

第三に、時間外勤務を命ずる場合を、いわゆる「超勤四項目」と呼ばれる四つの業務に限定する。給特法六条は、「教育職員……を正規の勤務時間……を超えて勤務させる場合は、政令で定める基準に従い条例で定める場合に限る」とする。この条文を受けて「公立の義務教育諸学校等の教育職員を正規の勤務時間を超えて勤務させる場合等の基準を定める政令」[6]（以下、勤務時間政令）は、①生徒実習に関する業務、②学校行事に関する業務、③職員会議に関する業務、④非常災害等やむを得ない場合に必要な業務、という時間外勤務命令の対象となる四つの業務を定めている。

第四に、「超勤四項目」以外の業務による時間外勤務命令が禁止される。勤務時間政令では、「教育職員……については、正規の勤務時間……の割振りを適正に行い、原則として時間外勤務……を命じない」として、「超勤四項目」以外の時間外勤務命令を許さず、所定労働時間を超える場合には「割振り」を行うものとされている。

第五に、「超勤四項目」の時間外・休日勤務命令の根拠として、臨時に必要な場合の時間外労働について扱う労基法三三条三項を読み替えて適用する（給特法五条）。本来、労基法三三条三項は公立学校教員を対象としていないが、給特法はやはり地公法五八条三項を通して労基法を読み替えることで適用するという手法をとっている。これは重要な点であるため、以下、詳しく具体的条文をみておきたい。

まず、読み替え前の労基法三三条三項の条文をみると、そこでは、「公務のために臨時の必要がある場合においては、第一項の規定にかかわらず、官公署の事業（別表第一に掲げる事業を除く。）に従事する国家公務員及び地方公務員については、第三十二条から前条まで若しくは第四十条の労働時間を延長し、又は第三十五条の休日に労働させることができる」（傍点―引用者）とされている。この除外対象となる「別表第一」の十二号に「教育、研究又は調査の事業」が掲げられているため、公立学校教員は労基法上は適用の対象外とされている。

これに対し給特法五条は、労基法三三条三項を読み替え、「公務のために臨時の必要がある場合においては、…別表第一第十二号に掲げる事業に従事する国家公務員及び地方公務員については、……労働させることができる。この場合において、公務員の健康及び福祉を害しないように考慮しなければならない」（傍点―引用者）とする。これにより、「超勤四項目」に関する業務は、三六協定を結ばずとも時間外・休日勤務を命じられるとされるのである。

給特法は、法形式上、労基法三三条三項を公立学校教員に適用することで「超勤四項目」について三六協定なしに時間外勤務を命じることを認め、それ以外の時間外勤務命令を禁止するという体裁をとっている。このため、給特法上はあくまで公立学校教員の時間外労働の扱いをめぐる特例ではあるが、適用除外されるのは、時間外労働の割増賃金について定める労基法三七条のみである。つまり同法三二条にもとづく一日八時間、週四〇時間の労働時間規制や、この規制対象となる「労基法上の労働時間」の概念になんら変更を加える趣旨ではないことがまずもって確認されなければならない。

(2)「例外の例外」としての教員の時間外労働

さらに注目されるべきは、公務員が「公務のために臨時の必要がある場合」の時間外労働を定めた労基法三三条三項の条文で、その対象外とされている公立学校教員を、給特法五条により「読み替え」て適用するという変則的法形式が採られている点である。つまり、労基法三三条の「公務のために臨時の必要がある場合」の対象に教員は含まれていないが、給特法の「読み替え」により、はじめてその適用対象とされる。このように、労基法本体が適用対象外としている業種を「読み替え」によって適用するという真逆の措置がとられていることからも、給特法が許容する時間外労働は極めて限定的なものであり、厳密に解釈、運用される必要がある。(7)

そもそも、労基法三三条三項に定められた「公務のために臨時の必要がある場合」自体についても、その対象は限定的、かつ、厳格に解釈すべきことが学説上指摘されてきた。たしかに、行政解釈は、「一応使用者たる当該行政官庁に委ねられており、広く公務のための臨時の必要を含む」(「労働基準局長回答」昭二三・九・二〇基収三三五二号)とするが、これには多くの批判的見解が示されている。すなわち、「臨時の必要がある場合」とは、「住民の生命、健康または重要な財産等に直接関わる業務で、しかも三六協定の締結を待つことができないほどの緊急性がある場合でなければならない[8]」との見解や、「この『臨時の必要』が継続的であろうはずはなく――月に数回時間外労働をやらねば仕事がはかどらないといった慣習がある場合等を想定しているわけではない――きわめて突発的な事由の発生した場合、すなわち同条一項にいう『災害その他、避けることのできない事由』の生じた場合しか考えられないのである[9]」との指摘が示されている。

このように、給特法が「読み替え」によって適用する労基法三三条三項の本則も、そもそもその対象範囲は相当に限られているとみることができる。こうした労基法三三条三項の性質、およびこれを本来適用できない業種に「読み替え」によって適用するという法構造からは、給特法の許容する教員の時間外労働は、相当に限定されているとみなければならない。

（3）給特法の「解釈と運用」をめぐる問題
――教職調整額は何に対する対価なのか

このように給特法は、法形式上、労基法三三条三項を公立学校教員に適用することで、「超勤四項目」について三六協定なしに時間外勤務を命じることを認め、それ以外の時間外勤務命令を禁止するという体裁をとっている。しかし実際には、教員の時間外勤務の多くは、「超勤四項目」以外の業務で占められている。給特法をめぐる法的問題は、この「超勤四項目」以外の業務をめぐる解釈と運用の問題に尽きるといっても過言ではない。

この問題に対して、文科省は従来から「超勤四項目以外の勤務時間外の業務は、超勤四項目の変更をしない限り、業務内容の内容にかかわらず、教員の自発的行為として整理せざるをえない。……教職員の自発的行為に対しては、公費支給はなじまない」[10]（傍点―引用者）と説示してきた。すなわち、実際に発生している「超勤四項目」以外の業務を、労基法三二条の上限対象となる「労基法上の労働時間」とは認めず、管理者である校長の関知しない「自発的行為」と位置づけ、三六協定や超勤手当が必要ないものと処理してきた。この文科省の「解釈と運用」により、実態として存在する時間外勤務が、業務の制限も、時間的規制もない、いわば「無制限かつ無定量なタダ働き」と化してきたのである。[11]

このような、「超勤四項目」以外の業務の扱いには、給特法をめぐる解釈の混乱が伴っている。すなわち、教職調整額が「超勤四項目」以外の業務をも包摂するという「包括解釈」による混乱である。例えば、第4章に詳述する二〇一九年一二月の給特法改正の原案を示した中教審の「学校における働き方改革」に関する最終答申（二〇一九年一月二五日）でも、給特法に関して、「時間外勤務手当及び休日給を支給せず、勤務時間の内外を問わず包括的に評価して教職調整額が支給される」（一七頁：傍点―引用者）との解釈が採られている。[12]つまり、教職調整額は、「自発的行為」とされた「超勤四項目」以外の業務を含めた対価であるという「包括解釈」である。

しかし、次節に詳しくみるように、このような包括解釈は、給特法制定時の文部省の公式見解ではなかったことをここでは特筆しておきたい。当時の国会審議における文部省の答弁や、制定直後の「施行通達」(昭四六・七・九文初財三七七号)にみるならば、「超勤四項目」以外の業務を「自発的行為」として放置するような見解は採られていなかった。実際に、給特法制定時に教員の超勤対象項目を定めていた「教育職員に対し時間外勤務を命ずる場合に関する規程」では、「超勤四項目」(この規定では国立学校を対象とした教育実習を含めた五項目)以外の超過勤務命令は行わず、「正規の勤務時間」の「割振り」をせよとしており、さらに給特法制定後の「施行通達」では、「勤務時間の割振りを適正に行うためには、労働基準法第三十二条第二項の規定の活用について考慮すること」としていた。この三二条二項とは、旧労基法に定められていた「四週間単位変形労働時間制」であり、これを活用することが想定されていたのである。この趣旨について、文部省筋の法令解説書では「変形労働時間制を採用するということは、当該職務が限定四項目にはいっているか否かに関係なく、原則として教職員に時間外勤務をさせないために一週四十四時間の正規の勤務時間を校務の繁閑に応じ適正に割り振るために必要な措置である(13)」とされていた。

ここには、「超勤四項目」以外の業務を即「自発的行為」として教職調整額の対象に包摂するという見解は採られておらず、総労働時間を四週間単位の変形労働時間制によって所定労働時間内に収めるという解釈が採られていたとみることができる。

(4) 勤務の特殊性と包括解釈の起源

では、この包括解釈はどこから生み出されたものなのか。実はその原初は、給特法案審議前の一九七一年二月八日に、人事院が示した「意見の申出に関する説明」にみることができる。これは、給特法制定にあたり、人事院が労基法にもとづく時間外・休日勤務手当の方式ではなく、教職調整額による方式を支持する「意見の申出」を行った際に、その説明書きとして別立てで作成された文書である。国会審議において、人事院の「意見の申出」は、「実質的には国会、内閣にも提出してこれは給与勧告と同じ重要な扱い」との説明が、当時、人事院総裁の佐藤達夫によってなされている[14]。一方で「意見の申出に関する説明」は、国会審議においても言及されておらず、そもそも法的位置づけが不明確な文書である。

「意見の申出に関する説明」は、まず、給特法の教職調整額という特殊ルールを必要とする理由について、「教員の勤務時間については、教育が特に教員の自発性、創造性に基づく勤務に期待する面が大きいことおよび夏休みのように長期の学校休業期間があること等を考慮すると、その勤務のすべてにわたって一般の行政事務に従事する職員と同様な時間管理を行うことは適当でなく、とりわけ超過勤務手当制度は教員にはなじまない」とし、「教員の職務の態様の特殊性」に応じた仕組みが必要だとした。その上で、教職調整額について「教員の勤務は、勤務時間の内外を問わず、包括的に評価することとして、現行の超過勤務手当の制度は適用しないものとし、これに変えて新たに俸給相当の性格を有する給与として教職調整額を支給することとする」[15]（傍点─引用者）と、包括解釈が示されたのである。

この包括解釈は一九七一年の給特法案の国会審議でも、やはり人事院の佐藤達夫によって「教員の勤務の特殊性というものを、正規の勤務時間の内と外にまたがって包括的にこれをとらえ、そしてこれを再評価する。その再評価の結果、今回のような教職調整額というものをここに差し上げるという形が望ましい形ではあるまいかということで、意見の申し出を申し上げた」との説明がなされている。[16]

ただし、当時の国会審議において、文部省は一度も「勤務の内外を問わず包括的に評価する」という答弁は行っておらず、この見解を示した人事院も、所轄官庁としてではなく「中立機関としての人事院」として説明したに過ぎないとしていた。[17] にもかかわらず、一九七一年九月に一般図書として「教員給与研究会」名義で発行された文部省筋の解説書では、この包括解釈が給特法の趣旨として示され、教職調整額は「勤務時間の内外を問わず、包括的に評価して支給される俸給相当の性格を有する」と説明されることとなる。[18] このように、国会での文部省答弁でも、「施行通達」でも示されていなかった給特法の包括解釈が、法的位置づけが不明確な人事院の「意見の申出に関する説明」、及び、一般図書として発行された解説書によって「普及」されたのである。

この「勤務時間の内外を問わず、包括的に評価する」という概念は極めて曖昧であり、国会審議においても具体的な内容が示されておらず、法解釈としてはほとんど意味をなさない。[19] にもかかわらず、この「包括的」という言葉が、いわば「マジックワード」として機能し、給特法が「超勤四項目」以外の業務をも許容するかのような解釈と運用がなされてきたのである。

このような給特法解釈は、やはり同法制定時の立法趣旨に立ち戻ってその是非が検証されなければならない。当時の国会審議にて示された給特法の立法者意思をみることは、この法律が教員の時間外勤務をどのように管理しようとしていたのか、そして、その前提として「教員の勤務の特殊性」をいかなる意味で用いていたのか明らかにする作業となる。そこでは現在言われているような、「超勤四項目」以外の業務を「自発的行為」として無定量な「タダ働き」として処理するような解釈、あるいは、それを「教員の勤務の特殊性」として正当化する論理は導かれてこない。それゆえ次節では、一九七一年の給特法制定時の国会審議を分析し、給特法の立法者意思を確認しておきたい。

4　一九七一年国会審議にみる給特法の立法者意思

(1) 職務の「内容による限定」論

給特法制定時の国会審議にみるならば、当時も給特法の特殊な仕組みが、無定量な時間外勤務を生み出すことになるのではないかという懸念がすでに示されていた。注目されることに、文部省、人事院、そして労働省の各担当者はこの懸念に対し、いずれも教員の時間外勤務を、量ではなく「内容によって限定する」という趣旨を強調していた。

一九七一年四月二三日に開催された衆議院文教委員会において、自民党の塩崎潤議員からは、「この法案によって教員は無定量の、あるいは無制限の勤務が強要されるのではないかという点でございます。この法案の最大の問題点はこれに尽きようかと思うわけでございます」との指摘がなされている。これに対し、文部省の宮地茂初等中等教育局長は、「なぜ無定量という御質問、御懸念が出るのか実はわからない」とした上で、一般の公務員以上に、さらに強い規制が給特法でかけられていると指摘する。すなわち、「それはまず第一に、公務で臨時にまたは緊急に必要がある場合ということで、臨時、緊急という大きな制約がございます。さらに、それを命じます場合には、職員の健康と福祉ということに十分注意しなければいけないという規定がございます。……その上に今回の法案ではさらにしぼりをかけまして、いま申しました範囲内で任命権者が自由に命令できる、それを人事院に文部大臣が協議いたしましてそこではっきりきめる。これははっきり考えておりませんが、告示で世に公にしたいと思いますが、そういうことでこれ以上の制限はちょっとないのではないか」(傍点—引用者)と答弁している。つまり、「臨時、緊急」という条件、「健康と福祉に注意する」という条件に加え、後に人事院と文部大臣が協議して告示で示すとされた「超勤四項目」のみに時間外勤務の対象を制限するという「しぼり」をかけていることから、「これ以上の制限はちょっとないのではないか」との評価を示したのである。

また、同様にこのような限定の仕方は、「量ではなく内容による限定」であるとの説明も宮地局長より行われている。すなわち、「私どもは、できる限り超過勤務は命じたくない、先生方には超過勤務を命じてまでさせたくないという前提がございますので、したがいまして、量といったようなことではなくて、やはりおのずから内容で示さざるを得ないと思います」(傍点—引用者)というように、時間外勤務を許容しうる業務を内容的に限定することによって、教員の時間外勤務を抑制するという立法趣旨が示されていた[20]。さらに、ここには「自発的行為」もまた、「超勤四項目」に限られた「自発性」が想定されていたとみることができる。

この立法趣旨は、人事院においても「内容による歯どめ」という概念のもと共有されていた。一九七一年五月一一日の参議院文教委員会において内田善利議員よりなされた「この超勤を無制限に、無定量に超過勤務がなるということで私たちは心配しているわけですが、この超過勤務を無制限に拡大しないという法律的な裏づけがありますか」との質問に対し、佐藤達夫人事院総裁は、「二重の歯どめ」があると説明した。すなわち、「この関係では前からある大きな歯どめと、今度法案に盛り込まれております歯どめと、ブレーキが二つできることになるわけでございます。前からございます歯どめというのは、国家公務員法で申しますと、地方公務員法にもありますけれども、国家公務員法で申しますと八十六条で行政措置要求の道が設けられております。……それだけ有力な救済手段、チェックの手段がある。その上に今度さらに文部大臣が人事院に協議して基準をおきめになるというのでありますから、これほど大きな私は歯どめはないという自信を持っております[21]」として、「超勤四項目」の限定を措置要求権に加えられた「歯どめ」としていたのである(傍点—引用者)。

加えて労働省の岡部實夫労働基準局長も、この限定項目による「歯どめ」の重要性を共有していた。すなわち、「基準法のたてまえは労働者の労働条件を保護するということが基本にございますので、基準法の規定の適用をはずしたけれども、それならば無定量、無制限に超過勤務がやれるという体制がとられるならば、それは非常に基準法の精神からいっても適当でない。そこで建議にございますように、『文部大臣が人事院と協議して超過勤務を命じうる場合』、これが非常に問題だと、この歯どめをぴしっとしておく必要があるということが論議の中心になりまして、その定めるときはその職務の内容及び限度についてはっきりした歯どめをつけるべきだと、……そこでその場合に関係労働者の意向が十分反映されるということによってその点の歯どめを十分にする」（傍点―引用者）と、労基法の最低基準に見合う「内容による歯止め」が強調されていた[22]。

なお、ここでいう建議とは、一九七一年二月一三日に中央労働基準審議会から労働大臣宛に示された「義務教育諸学校等の教諭等に対する教職調整額の支給等に関する法律の制定について（建議）」を指しており、以下の二点が建議されていた。

1　労働基準法が他の法律によって安易にその適用が除外されるようなことは適当でないので、そのような場合においては、労働大臣は、本審議会の意向をきくよう努められたい。

2　文部大臣が人事院と協議して超過勤務を命じる場合を定めるときは、命じうる職務の内容及びその程度について関係労働者の意向が反映されるよう適切な措置がとられるよう努められたい。

この建議は、労基法の適用除外は適当ではないとした上で、「超過勤務を命じる場合」の業務については労働当事者の意向を反映することを求めていた。いわば、岡部労働基準局長は、労基法の一部適用除外にあたり、「超勤四項目」の限定により「職務の内容及び限度についてはっきりした歯どめ」をかけることを必要条件としていたのである。

このように、給特法制定時の国会審議にみる限り、文部省、人事院、そして労働省においても、教員の時間外勤務が無定量、無制限とならないために、「内容によって歯止めをかける」ことが給特法の立法趣旨であることが共通して示されていた。そこでは、労基法の最低基準性を前提に、時間外勤務をめぐる特殊ルールを給特法に定める上でも、この最低基準を下回らない法的措置を採ることが当然の条件とされていたのである。

給特法制定時においても、特殊ルールによる時間外勤務の無定量化が懸念されており、仮に限定されるべき「超勤四項目」以外の業務を「自発的行為」として処理し、放置するとの解釈が採られていたならば、そもそも給特法は労基法の最低基準性との関係で成立することすらできなかっただろう。それゆえ、ここにみられる立法者意思は重く受け止められるべきであり、給特法が教員の時間外勤務を「超勤四項目」に限定する趣旨であることは、改めて強調されるべきである。

（2）「勤務の特殊性」の本来的意味

もうひとつ、当時の立法者意思を確認する上で重要な点は、「意見の申出に関する説明」において包括解釈の前提とされた「教員の勤務の特殊性」という概念である。現在においては、事実上、「超勤四項目」以外の業務が、自主的、自発的に行われているとみなすことを「教員の勤務の特殊性」概念としている。しかしながら、給特法の特殊ルールを必要とする教員の「勤務の特殊性」とは何かについて、実は国会審議の終盤で問題となり、そこでは人事院、文部省による明快な答弁がなされていた。

一九七一年五月二〇日に開催された参議院文教委員会において、松永忠二議員からは、「前からこのほうは非常によく説明をされるのですが、勤務の態様の特殊性というのは一体どういうふうなものがあるのか[23]」との質問がなされる。ここでは、給特法の特殊ルールを必要とする「特殊な勤務形態」とは具体的に何かが問われた。

これに対し、人事院の佐藤達夫からは、「夏休みのように長期の学校休業期間があるということ。あるいはまた、授業時間においてはこれは非常な高い勤務密度でありますが、同じ勤務時間の中でも授業時間以外の時間ということになると授業時間ほど密度は高いとは見られないというような、非常な特殊性が、一般の行政事務の場合と比べますというとあるわけです。……夏休みのような場合に毎日出勤せよというふうな拘束を与えるということも、いまの本質からいったらどうであろうか。そういうような面が片面にあります[24]」とし、授業以外の勤務時間の「勤務密度の低さ」をあげ、さらに、夏期休業期間での自由度の高い出勤形態をあげていた。

同様に、当時文部大臣の秋田大助からも「いわゆる学校という職場の時間と、それ以外の時間というもの、やはりそれは職場と同じ意義を持った時間が相当許されなければならない。それは、外見は、相当多量な自由な時間という形を持っている。そういう時間が許される。これは一般の職員とは違った特質であろう[25]」(傍点—引用者)として、夏休みをはじめとする学校外での活動を含めた「自由な時間」の存在が掲げられている。

実際に、人事院が給特法制定前に提出した先の「意見の申出に関する説明」では、給特法の特殊ルールにお墨付きを与える傍ら、その理由として、やはり夏休み等の長期休業における勤務の特殊性を掲げていた。いわば、教員には正規の勤務時間内においても「自由な時間」、すなわち「裁量時間」が存在するため、一般公務員と同様の時間管理はなじまないことが給特法制定の立法事実とされていたのである。

ところで国会審議では、前記の人事院、文部省の「自由な時間」を「勤務の特殊性」とする回答に対して、実際には、夏休みでも教員に「自由な時間」の存在しないことが問題として指摘されていた。先の松永議員からは、当時、超勤訴訟が展開されていた静岡県の事例が示され、「私たちが通俗的に考えている休暇というものは、夏休みの休暇というのはすでにもう学校にはなくなってきているのが実態ですよ[26]」と、夏期休業中に存在する「はず」の「自由な時間」の不在を指摘している。それゆえ、「私は教員の勤務時間、休日、休暇等に関する条例というものには、やっぱり夏休みのようなものについても条例の中に明示しておくというようなこと、夏季の休暇とか冬季の休暇とか、そういうようなものについてやはり明らかにしておくことが必要ではないか(27)」と、長期休業時間中の「自由な時間」を保障する根拠規定を条例上に定めることを提案した。

これに対し、当時文部政務次官の西岡武夫からは、「法律的には教育公務員特例法二十条の規定を運用していくという形の中で夏休みの問題は方向づけができると思うわけでございます(28)」との回答がなされている。

この教育公務員特例法の二〇条(現二二条)とは、教員が職務として校外で自主的な研修をおこなうことを許容する根拠規定であり、二〇条二項にて「教員は、授業に支障のない限り、本属長の承認を受けて、勤務場所を離れて研修を行うことができる」と定めていた。この条文は教育公務員特例法の成立当初、教員が職務として正規の勤務時間内に自主的な研修を行い、その際に、学校を離れて研修活動に従事することを認めた、極めて画期的な規定であったと位置付けられている(29)。

西岡は、この規定をもとに夏休みに自主的に研修ができる「自由な時間」が提供できるようにすると明言し、この点をさらに念押しして、以下のように答弁している。

この法律が、もし成立をいたしました暁には、その上に立って、いままで、ただいま申し上げました教育公務員特例法二十条を十分運用していくという意味で必ずしも十分な行政指導が行なわれていたとは思いませんので、これはあらためて、夏休みのあり方について教育公務員特例法二十条を十分に運用をしていくという行政指導としてこれを行なっていきたい。これが当面の文部省としての夏休みに対する考え方でございます[30]。

この答弁のもと、実際に給特法制定後の先の「施行通達」においては、教育公務員特例法旧二〇条の校外自主研修規定をもとに、夏休み等における「自由な時間」を活用することが指示されている[31]。

教育職員の勤務時間の管理については、教育が特に教育職員の自発性、創造性に基づく勤務に期待する面が大きいことおよび夏休みのように長期の学校休業期間があること等を考慮し、正規の勤務時間内であつても、業務の種類・性質によつては、承認の下に、学校外における勤務により処理しうるよう運用上配慮を加えるよう、また、いわゆる夏休み等の学校休業期間については教育公務員特例法（昭和二四年法律第一号）第一九条（研修）および第二〇条（研修の機会）の規定の趣旨に沿つた活用を図るように留意すること[32]。

ここにみられるように、給特法が前提とする教員の「勤務の特殊性」とは、もともと校外自主研修を可能とするような、正規の勤務時間内での「自由な時間＝裁量時間」が存在するという点にあった。勤務時間の内外、学校の内外において行われる自主的な研修活動等の裁量時間の存在から、超勤手当制度を前提とする時間計測はなじまない、というのが給特法の趣旨なのである。

このことからは、「勤務の特殊性」にもとづく勤務時間管理の趣旨は、「超勤四項目」以外の業務を「自発的行為」とし、無定量な時間外勤務を許容する趣旨ではないことがまずもって確認できる。現在、文科省が示しているような、「超勤四項目」以外の業務は「自発的行為」であるから、労働時間ではないとする給特法の運用や解釈は、給特法の当初の趣旨からも、そこで想定された「勤務の特殊性」からも明らかに逸脱している。

給特法が前提とする教員の「勤務の特殊性」が、教育公務員特例法旧二〇条を根拠とする校外自主研修等の裁量時間を想定していたという点については、労基法との関係においても改めて確認される必要がある。なぜならば、給特法の特殊ルールが許容されるのは、教員が正規の勤務時間における「自由な時間」(裁量時間)を有し、労基法の最低基準を上回る労働条件を保障されていることを前提とするからである。それゆえ、勤務時間内において「自由な時間」が存在していない現況は、労基法の最低基準を下回ることを意味しており、給特法の存立根拠を喪失しているといえる。

5　小括——矛盾だらけの給特法

給特法が一九七一年に制定されてから、いまや五〇年以上が経過した。こうしたなか、文科省が先導してきた給特法の解釈と運用の矛盾が明るみに出ると同時に、また、近年行われた公立学校教員を取り巻く教育改革のもと、給特法の存立基盤自体が危うくなる状況が訪れている。給特法はすでに矛盾だらけの法律となっていることを、以下、三つの問題を述べて本章のおわりとしたい。

（1）「自発的行為」への特殊業務手当という矛盾

先にみたように、文科省は、「超勤四項目」以外の業務を「自発的行為」として、これらへ「公費支給はなじまない」として時間外・休日勤務手当の支給を不要としてきた。しかし実際には、休日の部活動指導など、文科省が「自発的行為」と処理する業務には、超勤手当ではなく、これとはまったく異質の「特殊業務手当」が支給されている。例えば、東京都の「学校職員の特殊勤務手当に関する条例施行規則」にみると、休日に行われた部活動の指導業務に日額三〇〇〇円、対外運動競技等の引率指導業務（大会の引率など）には日額五二〇〇円の特殊業務手当が支給されている。これは、「超勤四項目」以外の業務を「自発的行為」とし、「公費支給はなじまない」とする文科省の給特法解釈から大きく矛盾する。[33] もし、休日の部活動の指導、引率が「業務」であるならば超勤手当が支給されるべきであり、また逆に業務にあたらない「自発的行為」とするならば、教員の私的事業に公金を支給することは文科省の指摘通り問題であろう。

また、日常的に「学校教育の一環」として行われる部活動の指導等に特殊業務手当を支給することは、この手当の本来の趣旨からみても問題を含んでいる。国家公務員の特殊業務手当を定める「一般職の職員の給与に関する法律」によると、その趣旨は「著しく危険、不快、不健康又は困難な勤務その他の著しく特殊な勤務で、……その特殊性を俸給で考慮することが適当でないと認められるもの」への手当とされている。つまり、本給や時間外・休日勤務手当でも補うことのできない突発的労働負荷に対して支給される手当とされている。この趣旨は、旧自治庁が示したモデル条例案にも反映されており[34]、多くの自治体条例でも採用されている。さらに、「人事院規則九-三〇」では、具体的な特殊業務手当の対象業務が定められており、そこでは「爆発物取扱等作業手当」、「死刑執行手当」、「死体処理手当」、「異常圧力内作業手当」など、極めて特殊な業務が対象とされている。

この特殊業務手当の性質からみるならば、日常的な業務である部活動指導等に対して「特殊業務手当」を支給することは、その趣旨を逸脱している。仮に「特殊な勤務」と位置付けるにしても、本来の趣旨は本給や時間外・休日勤務手当では補塡しきれない業務に支給される性質をもつものであり、超勤手当を支給した上で、その上乗せとして特殊業務手当が支給されるべきである。五〇年もの間、これらの業務を「自発的行為」とする文科省の建前からも矛盾し、この手当の趣旨に反する運用が行われてきたことも、給特法の正当性を危うくしている。

(2)　教職調整額「四%」の不支給問題

ここまで繰り返し説明したとおり、給特法は四%の教職調整額を支給し、労基法上定められた時間外・休日勤務手当を支給しないという特殊ルールを採用している。このため、労基法からみて教職調整額「四％」の支給は、労基法三三条三項にもとづいて公立学校教員に時間外勤務をさせる上で不可欠な要素であり、労基法の上限規制違反に伴う罰則を免れるために任命権者に課せられた義務であるといえる。(35)

ところが、第2章でみたように、二〇〇四年に国立学校が法人化されたことに伴い「国立学校準拠制」が廃止されて以降、公立学校教員の給与は、「職務と責任の特殊性に基づき条例で定めるものとする」(現一三条)とされた。これに伴い、教職調整額を含めた教員給与への自治体裁量が拡大することとなった。この自治体裁量の拡大のもと、「代償措置」であるはずの教職調整額「四％」の支給が瓦解しつつある。

東京都を例に取ると、それまで教員に一律給料月額の四％が支給されていたのに対して、国立学校準拠制廃止後、二〇〇五年に「教職調整額に関する規則」が改定されてから、「都教委の定める研修を受講する者」については教職調整額が給料月額の二％、「指導力不足教員に該当すると認定された者」については給料月額の一％を支給するとされた。同様に横浜市でも、二〇〇八年四月以降「教職調整額に関する規則」の改定により、休職者、長期研修、指導改善研修にある者は、すべて教職調整額が一％に減額されることとなった。

教職調整額の「四％」は、公立学校教員に時間外労働をさせる上で、労基法違反とならないための必要条件である以上、その支給率を満たしていないことは労基法違反の誹りを免れない。国立学校準拠制の廃止以降、各自治体の教員給与決定の裁量が拡大するなかで、教職調整額四

%を支給する代わりに超勤手当を支給しないという給特法の存立基盤はすでに崩されつつある。

（3）給特法が前提とする「自由な時間（裁量時間）」の不在

先にみたように、給特法の前提とする教員の「勤務の特殊性」とは、勤務時間内における「自由な時間」（裁量時間）の存在が前提とされており、特に教育公務員特例法二二条（旧二〇条）にもとづく校外自主研修が認められる点が、給特法の特殊ルールを成り立たせる前提条件とされていた。だが、そうした本来の「勤務の特殊性」は、今や学校にほとんど存在しない。

それを決定的にしたのが、二〇〇二年の「夏季休業期間等における公立学校の教育職員の勤務管理について」（平成一四・七・四初初企一四号）と題する文科省通知である。この通知は、夏休み期間中の勤務時間管理の適正化を指示し、「教員の勤務状況について地域住民や保護者等の疑念を抱かれないことはもとより、この休業期間を教職員の資質向上等に有効に活用し、情報公開等においても十分理解を得られるよう、勤務管理の適正を徹底すること」とした。これは実質的に、夏休みなどの長期休業であっても一般の公務員と同様の通常出勤を求めたものである。

また、校外での自主研修に関しても、これを「職専免研修」（職務専念義務免除による研修）とした上で、校長に対して「職専免研修を特に自宅で行う場合には、保護者や地域住民の誤解を招くことのないよう、研修内容の把握・確認を徹底することはもとより、自宅で研修を行う必要性の有無等について適正に判断すること」とし、さらには、「事前の研修計画書及び研修後の報告書の提出等により研修内容の把握・確認の徹底に努めること」として、研修内容の事前・事後審査を含めて、事実上、校外自主研修を制限することを指示した。

この二〇〇二年通知により、学校現場では校外研修を規制する動きが加速された[36]。これ以降、夏休み等の「自由な時間」や、校外自主研修は実質的に制約されることとなり、給特法が前提とする教員の「勤務の特殊性」はもはや学校現場に存在しなくなっている。それゆえ、「一般の行政事務に従事する職員と同様な時間管理を行う事は必ずしも適当でない」とする給特法の建前もまた、前提条件を喪失しているといえるだろう。

＊＊＊

本章では、給特法が当初の立法趣旨からみて異質な解釈と運用がなされ、現在に至り多くの矛盾をきたしていることを確認してきた。こうしたなか、教員の働き方改革に関する議論が高まり、二〇一九年一月二五日には中教審の「学校における働き方改革」答申が出され、これを受けて二〇一九年一二月四日に給特法が改正された。

果たして、二〇一九年給特法改正は、本章でみてきた諸矛盾を是正することになったのだろうか？　この問題を次章でみてみよう。

【注】

（1）水町勇一郎『詳解 労働法〔第二版〕』東京大学出版会、二〇二二年、一一五頁。菅野和夫『労働法〔第十二版補正版〕』弘文堂、二〇一九年、一九〇頁。
（2）この労働時間規制の特殊ルールとして労基法はさらに、一ヶ月単位の変形労働時間制（三二条の二）や、フレックスタイム制（三二条の三）、一年単位の変形労働時間制（三二条の四）、一週間単位の非定型変形労働時間制（三二条の五）を定めているが、地方公務員に許容されているのは一ヶ月単位変形労働時間制のみであり、労使協定を要件とするその他の変形労働時間制は適用除外されている（地公法五八条三項）。
（3）厚生労働省労働基準局編『労働基準法〔平成22年版〕上』労務行政、二〇一一年、四七頁。
（4）片岡昇・萬井隆令編『労働時間法論』法律文化社、一九九〇年、一六八頁〔藤内和公執筆〕。
（5）同上書、一八〇頁。
（6）給特法制定当時は、「教育職員に対し時間外勤務を命ずる場合に関する規程」（文部省訓令二八号）が同様の内容を定め、「学生の教育実習の指導に関する業務」を国立学校教員の対象業務としていた。
（7）同旨、青野覚「調査実態の法的評価と給特法の解釈論的検討」連合総研『とりもどせ！ 教職員の「生活時間」―日本における教職員の働き方・労働時間の実態に関する研究委員会報告書―』連合総合生活開発研究所、二〇一六年、一八二―一八三頁。
（8）有泉亨・青木宗也・金子征史編『基本法コンメンタール 労働基準法〔第三版〕』日本評論社、一九九〇年、一九二頁〔清水敏執筆〕。
（9）山本吉人『労働時間制の法理論』総合労働研究所、一九七〇年、一四三頁。
（10）中央教育審議会・教職員給与の在り方に関するワーキンググループ第八回資料5（二〇〇六年一一月一〇日）。
（11）雪丸武彦・石井拓児「論点整理と今後の研究課題」『日本教育行政学会年報』四五号、二〇一九年、一九〇頁。

（12）中央教育審議会「新しい時代の教育に向けた持続可能な学校指導・運営体制の構築のための学校における働き方改革に関する総合的な方策について（答申）」二〇一九年一月二五日（https://www.mext.go.jp/b_menu/shingi/chukyo/chukyo3/079/sonota/1412985.htm　二〇二一年一二月一日最終閲覧）。
（13）文部省地方教育行政研究会『全訂　教師の権利と義務』第一法規、一九七六年、三四八―三四九頁。
（14）一九七一年四月一四日第六五回国会衆議院文教委員会会議録一三号四頁。
（15）人事院「義務教育諸学校等の教諭等に対する教職調整額の支給等に関する法律の制定についての意見の申出に関する説明」（一九七一年二月八日）。
（16）一九七一年四月一四日第六五回国会衆議院文教委員会会議録一三号五頁。
（17）一九七一年五月一八日第六五回国会参議院文教委員会会議録一六号三八頁。
（18）文部省初等中等教育局内教員給与研究会編著『教育職員の給与特別措置法解説』第一法規、一九七一年、九二頁。
（19）萬井隆令「なぜ公立学校教員に残業手当がつかないのか」『日本労働研究雑誌』五八五号、二〇〇九年、五一頁。
（20）一九七一年四月二三日第六五回国会衆議院文教委員会会議録一四号二頁。
（21）一九七一年五月二一日第六五回国会参議院文教委員会会議録一八号二七頁。
（22）一九七一年五月一八日第六五回国会参議院文教委員会会議録一六号三二頁。
（23）一九七一年五月二〇日第六五回国会参議院文教委員会会議録一七号五頁。
（24）同上書、五―六頁。
（25）同上書、六頁。
（26）同上書、二一頁。
（27）同上書、二二頁。
（28）同上書、二二頁。

（29）久保富三夫『戦後日本教員研修制度成立過程の研究』風間書房、二〇〇五年、三一―四頁。
（30）一九七一年五月二〇日第六五回国会参議院文教委員会会議録一七号二三頁。
（31）教職員の自主研修権の観点からこの通知の重要性を指摘するものとして、久保富三夫『教員自主研修法制の展開と改革への展望』風間書房、二〇一七年、四一頁。
（32）文部事務次官「国立及び公立の義務教育諸学校等の教育職員の給与等に関する特別措置法の施行について（通達）」（昭和四六・七・九文初財三七七号）。
（33）これを早期から指摘するものとして、中村圭介・岡田真理子『教育行政と労使関係』エイデル研究所、二〇〇一年、九一―九二頁。
（34）橋本勇『新版　逐条地方公務員法〈第5次改訂版〉』学陽書房、二〇二〇年、四八〇―四八二頁。
（35）これは、「四％」の教職調整額を支給することにより、労基法三二条の上限を超えて働かせた事への罰則を免れるという、給特法を公立学校教員に固有の免罰効規定であるとする見解を反映するものであるが、この詳細については、第5章を参照いただきたい。
（36）久保・前掲書、二〇一七年、三〇〇―三〇一頁。

第4章　二〇一九年改正給特法の問題
——迷走する「学校における働き方改革」

1　はじめに——給特法「改正」で働き方改革は進むのか？

教員の多忙化が社会問題となるなか、中教審が、「学校における働き方改革」に関する最終答申を二〇一九年一月二五日に公表した(1)。当初から、制定から五〇年近くが経ち諸矛盾を示していた給特法をめぐり、中教審がいかなる提言を行うのかが注目されていた。しかし、この答申では給特法体制の維持が結論とされた。答申では、給特法を見直し、労基法の一般原則にもとづいて現行法制を改正するとの「認識が示された」としつつも、結果的には、この一般原則が「必ずしも教師の処遇改善につながらない」と断じた上で、「勤務時間の内外を問わず包括的に評価して教職調整額を支給し、時間外勤務手当及び休日勤務手当は支給しないとする仕組みも含めた給特法の基本的な枠組みを前提」とすることが明言されている。

また、この答申では、具体的な提言として、学校における時間外勤務の上限ガイドラインのもとに、「在校等時間の縮減のための取組を総合的かつ徹底的に推進」すること、および、「条例やそれに基づく規則等に基づき、一年単位の変形労働時間制を適用する」ことが明記された。

この答申をうけて、二〇一九年一二月四日に給特法の一部改正法が成立した。改正給特法の要点は、第一に、長期休業期間中に休日のまとめ取りを可能とするため、自治体の条例により一年単位の変形労働時間制(以下、一年単位変形制)を公立学校教員に適用できるようにしたことにある(五条関係)。第二に、二〇一九年一月二五日に文科省が最終答申と同日に公表した「公立学校の教師の勤務時間の上限に関するガイドライン」(以下、「上限ガイドライン」)を文科省告示の「指針」に格上げし、各自治体の条例、教育委員会規則によりこの上限時間を遵守させるというものである(七条関係)。

このうち給特法七条にもとづく上限時間に関しては、改正給特法成立直後の二〇二〇年一月一七日に「上限指針」が公示され、多くの自治体において教育委員会にこれを遵守させる条例、規則が同年四月一日より施行されている。他方、一年単位変形制の導入に関しては、二〇二〇年七月一七日に省令、指針が官報にて公示され、また同日の文科省「通知」によりモデル条例・規則で具体的な制度構想が示された[2]。こうしたなか、北海道と徳島県では、全国にさきがけて一年単位変形制を導入するための条例が二〇二〇年一二月議会で可決され、二〇二一年四月から施行されている[3]。

すでに改正給特法をめぐっては多くの論考が出されており、なかでも一年単位変形制の導入に関しては、教育界では至極評判が悪い[4]。たしかに、改正給特法のもとで導入されようとしている一年単位変形制は、教員の勤務時間を縮減するどころか、むしろ、無定量な時間外労働を助長する恐れがある。だが、改正給特法をめぐる問題点はそれにとどまらず、一年単位変形制の導入が阻止されれば事が済むわけではない。それゆえ、改正給特法をめぐる論議においては、少なくとも以下の観点が踏まえられなければならない。

第一に、改正給特法は、一年単位変形制にとどまらず、この制度とセットで導入される上限指針の問題も含めて検討されなければならない。法案審議時の国会答弁では、一年単位変形制導入の趣旨は、長期休業中の休暇のまとめ取りにあり、勤務時間の縮減を趣旨とするものでないことが述べられている。それに対して、教職員の多忙化解消の具体的制度とされたのが上限指針である。それゆえ、この上限指針にもとづく勤務時間管理のあり方が有効なものなのかが、まずは検証されなければならない。

第二に、一年単位変形制をめぐる批判の多くは、労基法三六条の四に定められた一年単位変型制と同様の仕組みを公立学校教員に適用するという把握のもとになされてきた。しかし、後述するように、改正給特法は労基法上の仕組みを公立学校教員に単純適用するものではない。むしろ、改正給特法によって導入される一年単位変形制は、労基法上の仕組みとはまったく異なる「新たな仕組み」を導入するものであり、その固有な構造と問題を検討しなければならない。

さらに第三に、教員の勤務時間管理をめぐる問題は、改正給特法による新たな仕組みだけが問題なのではなく、第3章にみたように、そもそも「超勤四項目」以外の業務を「自発的行為」とみなす文科省の解釈と運用にこそ問題の根源がある。改正給特法はこれを是正するどころか、むしろ「在校等時間」という独自の概念をもとに、従来からの問題を引き継ぐとともに、労基法の労働時間規制をさらに潜脱する仕組みを導入しようとしている。それゆえ、民間労働裁判や労働法学にて蓄積されてきた「労基法上の労働時間」概念からみて、文科省が示す給特法の解釈と運用をめぐる問題がどこにあるのかを検証する必要がある。

本章ではこのうち、①改正給特法によって導入される上限指針の問題、および②給特法上の一年単位変形制の問題について検討し、続く第5章で、③改正時の国会審議において明らかとなった給特法上の労働時間概念をめぐる問題について順次検討したい。

2　改正給特法の上限指針

(1) 設定された時間外労働の上限

先にみたように、改正給特法は、二〇一九年一月二五日に公表された中教審答申の提言を端緒としており、「上限ガイドライン」は、この答申と同日に公表されている。改正給特法七条は、「文部科学大臣は、……教育職員が正規の勤務時間及びそれ以外の時間において行う業務の量の適切な管理その他教育職員の服務を監督する教育委員会が教育職員の健康及び福祉の確保を図るために講ずべき措置に関する指針……を定める」とし、「上限ガイドライン」を「指針」に格上げし、文科省告示として官報に公示するものとしている。

改正時の国会審議では、「本指針を参考にして各地方公共団体において教師の勤務時間の上限に関する方針等を作成し、条例や規則等で根拠づけていただく」(5)（萩生田光一文科大臣）と趣旨説明されたように、官報に掲載される文科省告示である上限指針を、自治体の条例、規則を通して学校に遵守させることを本条のねらいとしている。

改正給特法成立後の二〇二〇年一月一七日に告示された「上限指針」は、「教育職員が超勤四項目以外の業務を行う時間が長時間化している実態も踏まえると、正規の勤務時間外にこうした業務を行う時間も含めて教育職員が働いている時間を適切に把握することが必要である」として、従来、「自主的、自発的な活動」とみなされてきた「超勤四項目」以外の業務の勤務時間管理を義務付けている。上限指針は、これら「超勤四項目」以外の業務を含めた「在校等時間」について、「服務監督教育委員会が管理すべき対象」としている。具体的には、以下のような時間外勤務の上限を設定し、これを「教育委員会規則等において定める」ことで服務監督教育委員会に遵守させようとしている。

上限指針は、時間外在校等時間を原則として一ヶ月あたり四五時間、一年間あたり三六〇時間と定めた上で、さらに「児童生徒等に係る通常予見することのできない業務量の大幅な増加等に伴い、一時的又は突発的に所定の勤務時間外に業務を行わざるを得ない場合」には、①一ヶ月の時間外在校等時間は一〇〇時間未満、②年間で七二〇時間以内、③二ヶ月～六ヶ月平均のすべてにおいて一月あたり八〇時間以内となることを上限時間として定めている。

この時間外勤務の上限とされた「月四五時間」などの数値はどこから導き出されたものなの

か。実はこの上限時間は、民間企業における過労死問題等を契機とする「働き方改革関連法」により、二〇一九年四月から施行された改正労基法の時間外労働の上限時間を踏襲している。第3章でみたように、労基法では三二条に定められた週四〇時間、一日あたり八時間の上限を超えた時間外・休日労働を労働者に行わせるにあたり、労使間の三六協定の締結を義務付けている。従来、この三六協定を経て行われる時間外労働の上限は法律上定められていなかったが、この改正労基法により、月四五時間、年間三六〇時間を原則とする上限が法律上定められた(労基法三六条四項)。その上で、「臨時的な特別の事情があって労使が合意する場合」には、①年間七二〇時間以内の時間外労働を認め、②一ヶ月の時間外労働と休日労働の合計は一〇〇時間未満、③時間外労働と休日労働の合計が二ヶ月～六ヶ月平均のすべてにおいて一月あたり八〇時間以内となることを定めている(三六条六項)。

(2) ブレーキのない空文

上限指針は、改正労基法と同等の上限時間を設定し、自治体の条例、規則によってこれを遵守させようとしている。しかし、改正労基法と上限指針には、労働時間管理という観点からみて、決定的な違いが少なくとも三つ存在する。

第一に、労働者の時間外勤務にあたり、改正労基法では当然、三六協定による労使合意というハードルが設けられている。これに対して、上限指針では労使協定締結が義務付けられていない。このため、労働者(教職員)の同意なしに、月四五時間、場合によっては月一〇〇時間という長時間の時間外労働がそのまま常態化される可能性がある。

第二に、改正労基法のもとでは時間外・休日労働にあたり当然、超勤手当の支給が義務付けられている。第3章でみたように、割増賃金としての超勤手当はもともと、時間外勤務をさせた使用者へのペナルティという側面がある。ところが、上限指針では給特法の仕組みを前提とするため、超勤手当を支払う必要がない。使用者側に時間外労働を抑制させる重要なブレーキが欠如したままとなっている。

さらに第三に、改正労基法では、前記の臨時的上限である月一〇〇時間等を超えた時間外労働があった場合、使用者への「六箇月以下の懲役又は三十万円以下の罰金」という罰則が定められている（労基法一一九条）。これに対して、上限指針には罰則がなく、条例、規則でも罰則規定を定めることは想定されていない。そもそも、改正労基法でも最大月一〇〇時間もの時間外労働が許容されることに批判があるにもかかわらず[6]、上限指針には、それを超えた場合の罰則すら設けられていないのである。

このように上限指針は、改正労基法が時間外・休日勤務を抑制するための措置として備える①労使協定の締結、②割増賃金の支給、③上限オーバーへの罰則、という時間外勤務を抑制するためのブレーキを一切もたない。このため、上限指針によって設定される月四五時間、年間三六〇時間の上限時間は、時間外勤務を抑制するための基準ではなく、むしろこの上限まで「タダ働き」させてよい基準として作用してしまうおそれがある。

もちろん、上限指針では留意事項として、「校長等の学校の管理職及び教育職員並びに教育委員会等の関係者は、本指針及び上限方針が、教育職員が上限時間まで業務を行うことを推奨するものと解してはならず……」とあるが、具体的なブレーキ機能をもたないなかでは空文化せざるをえない。

以下に詳述する一年単位変形制は、このような「ザル」ともいえる上限指針のもとで実施されようとしていることがまずもって確認されなければならない。

3　捻じ曲げられた一年単位変形制

(1)「労基法上の一年単位変形制」を学校に導入する困難

こうした上限指針を前提に導入されるのが、一年単位変形制である。一年単位変形制とは、一ヶ月超から一年までの対象期間を定め、その期間平均して一週あたりの労働時間が四〇時間を超えないことを条件に、特定の週での四〇時間、あるいは特定の日での八時間を超える労働を許容するという仕組みである(労基法三二条の四第一項)。労働基準法施行規則(以下、労基則)により、この対象期間は、特定日の一日の労働時間が一〇時間まで、特定週の週あたり労働時間は五二時間まで許容される(労基則一二条の四第四項)。これは、あらかじめ特定の期間に業務の集中することが明らかな業種で、繁忙期は集中的に働き、閑散期は労働時間を短く設定することで対象期間を平均して週四〇時間以内の労働時間にとどめようとする制度である。

この労基法上の一年単位変形制を学校に導入することの困難はどこにあるのか。第一にあげられるのが、教員の職務の「閑散期」の不在である。一年単位変形制は、繁忙期には法定労働時間を超える労働を許容する一方で、その超過分を閑散期に吸収することで、平均して週あたりの法定労働時間を超えないことを義務付けている。学校への一年単位変形制の導入は、夏休み等の長期休業期間が閑散期であることを前提としているが、現実にはその時期にも教職員に時間外労働が発生している。[7] 確かに、学期中に比べれば、夏休み等の残業時間は少ないが、それは繁忙期でないだけであって、決して閑散期ではない。仮に、文科省がいうように、夏休みに休日の「まとめ取り」をし、繁忙期の労働時間を吸収する余地があるとしても、一年分の労働負荷を、夏休み期間中に相殺できるほど、人間の体は便利にできていない。[8] そもそも一年間に夏期休業期間にしか、心身の休息をとれないような制度設計をすること自体が問題であるといえるだろう。

第二の問題は、労基法上の一年単位変形制は、教員の職務に適用することをそもそも想定していないという点である。一年単位変形制を導入するには、対象期間の労働日とその日の労働時間を詳細に定めなければならず、当然、業務の予測性と計画性が必要である。一九九三年の労基法改正により一年単位変形制が導入された際の「施行通知」では、この制度が、「業務の性質上一日八時間、週四〇時間を超えて労働させる日又は週の労働時間をあらかじめ定めておくことが困難な業務……については、一年単位の変形労働時間制を適用する余地はない」(傍点―引用者)としていた。他方、学校で想定される時間外勤務は、突発的な生徒指導や保護者対応など、予測することが困難な業務が多く存在する。同様に、第3章にみたように、給特法の制定当時、人事院は、「一般の行政事務に従事する職員と同様な時間管理を行うことは必ずしも適当でなく、とりわけ超過勤務手当制度は教員にはなじまない」(9)としていた。これに対して、一年単位変形制を導入することは、学校管理職に厳格な勤務時間管理を求めるもので、そもそも給特法の趣旨とも矛盾する。

さらに第三に、そもそも正規の勤務時間が定められている学校に一年単位変形制を導入するのは、労働条件の不利益変更にあたる。一年単位変形制の前身である三ヶ月単位の変形労働時間制は、土曜日勤務が行われていた一九八七年当時、週あたりの労働時間が四八時間とされていたのを国際動向に合わせて週四〇時間に短縮するための経過措置の手段とされていた(「施行通知」(昭六二・九・二六基発七六号))。つまり、週休二日制に伴う週四〇時間制をすぐには実施できない事業主に対する、時短のための柔軟な対応手段というのが導入の趣旨であった(10)。それに対し、正規の勤務時間がすでに四〇時間以内に収められている学校教員に対して、長期にわたる変形労働時間制を導入することは、労働時間規制の展開に逆行するものであり、事実上、労働条件の不利益変更にあたる。

(2)「改正給特法上の一年単位変形制」のねじれ

ここまでにみてきた一年単位変形制をめぐる問題は、あくまで労基法上の仕組みを導入した場合の問題である。留意すべきは、改正給特法によって導入される一年単位変形制は、こうした「労基法上の一年単位変形制」ではなく、「給特法上の一年単位変形制」という全く新しい仕組みである、という点である。それゆえ、「労基法上の一年単位変形制」自体がもつ問題に加えて、「給特法上の一年単位変形制」の問題が固有に存在することが知られねばならない。改正給特法によって導入される一年単位変形制は、労基法上のそれとは制度設計上、少なくとも以下の三点で大きく異なる。

第一に、労使協定と労働者の合意なしに一年単位変形制を導入できる点である。労基法上、一年単位変形制を導入するには、事業所の過半数を組織する労働組合または過半数代表との労使協定を書面で結び、これを行政官庁（労働基準監督署）に届け出なければならない（労基法三二条の四第一項）。その書面には、①対象となる労働者の範囲、②対象となる期間、③特定期間（法定労働時間を超える期間）、④対象期間における労働日と当該労働日ごとの労働時間、そして⑤協定の有効期間という五つの事項が記載されなければならない。

対象期間は、一ヶ月以上の期間毎に区分することが可能であり、対象期間を一年間とし一ヶ月毎に区分する場合は第一〜第一二区分期間に、二ヶ月毎に区分する場合は第一〜第六区分期間に分けることができる。制度導入時の労使協定には、第一区分期間の労働日と当該労働日の労働時間を具体的に定め、第二区分期間以降については、各区分期間の総労働日数と総労働時間を定めることが求められる。

これに対し、改正給特法五条は労基法のこの条文を読み替え、「使用者は、次に掲げる事項について条例に別の定めがある場合は」（傍点—引用者）一年単位変形制を導入できるとする。これにより、労使協定の締結義務を適用除外し、ひとたび条例が制定されたならば労働当事者の合意なく制度が導入できてしまう仕組みとなっている。

第二に、労働者の合意なしに一年単位変形制を更新できてしまう点である。先にみたように、労基法では、制度導入の当初、第二区分期間以降については、各期間の総労働日数と総労働時間を定めればよいとされている。その上で、各期間の開始三〇日前までに、期間内の労働日と当該労働日ごとの労働時間を労働者側の同意のもと書面にて具体的に定めなければならない(労基法三二条の四第二項、労基則一二条の四第二項)。

これは、一年単位変形制を第二区分期間以降も継続するにあたり、事実上、労働者側の同意による「更新」を義務付ける仕組みといえる。それゆえ、行政解釈上も、次期区分期間での労働者側の同意が得られない場合は、通常通り、法定労働時間を定める労基法三二条にもとづいて労働者を働かせることになるとしている(平一一・三・三一基発一六八号)(11)。

これに対し、改正給特法は労基法のこの手続きを読み替え、第二区分期間以降について「条例に特別の定めがある場合は、当該各期間の初日の少なくとも三十日前に、文部科学省令で定めるところにより」(傍点—引用者)、具体的な労働日と労働時間を定めるとされている。つまり教員の服務監督を行う教育委員会が、労働当事者の同意なく、具体的な労働日、労働時間を条例、規則等によって定め、第二区分期間以降も「更新」できてしまう仕組みがつくられている。

さらに第三に、一年単位変形制の基本ルールの策定にあたり、労働者側の意向が遮断される仕組みがつくられている。労基法の場合、一年単位変形制の基本ルールの策定にあたり、厚生労働大臣が労働政策審議会（以下、労政審）の意見を聴いて「厚生労働省令」で定めるとしている（労基法三二条の四第三項）。先にみた労基則による特定日の一日一〇時間、特定週の五二時間などの上限時間は、このプロセスによって定められたものである。この労政審は厚労大臣の諮問機関であり、大臣が任命する公益代表委員、労働者代表委員、使用者代表委員それぞれ一〇名ずつで構成される（労働政策審議会令二条・三条）。これは、労働政策の決定過程の「公労使三者構成原則」を示すものであり、労働政策決定に労使交渉を反映し、労働当事者の参加を保障する仕組みとなっている。[12] それゆえ一年単位変形制の上限労働時間等の基本ルールが、労政審を通して厚生労働省令である労基則で定められていることの意味は重い。

これに対して、改正給特法はこの箇所を読み替え、「文部科学大臣は、審議会等……で政令で定めるものの意見を聴いて、文部科学省令で……定める」としている。つまり、一年単位変形制の基本ルールを労働政策を所管しない文科大臣が、中教審の意見を聴いて定めるという独自の仕組みがとられている。中教審委員は、大学教員、校長、教育長、企業経営者等によって構成されているため、圧倒的に使用者側が優位な機関の意見をもとに、上限時間等の基本ルールが決定されることとなる。

以上みられるように、改正給特法によって導入される一年単位変形制は、労基法が前提としている労働者の「同意」「参加」という手続きを徹底して排除するもので、使用者側である教育委員会が一方的に制度運用上の主導権を握る仕組みとなっている。[13]

（3）省令、指針、モデル条例等にみる具体的仕組み

二〇二〇年七月一七日に、文科省は一年単位変形制を実施するための省令（「公立の義務教育諸学校等の教育職員の給与等に関する特別措置法施行規則」（以下、給特則））、ならびに「指針」を公示し、また「通知」（以下、「七月一七日通知」）[14]にてモデル条例・規則、「Q＆A」を公表した。これにより、給特法上の一年単位変形制の全貌が示されることとなった。

この省令（給特則）の要点のみを示すと、第一に、一年単位変形制の導入にあたり、対象期間に長期休業期間を必ず含め、長期休業期間中は勤務時間を縮減するのではなく、休日を連続して設定するとされた（給特則一条一項・二項）。この詳細を示す「Q＆A」によれば、特定期間に四〇時間分の時間外労働を許容した上で、五日間の休日のまとめ取りをすることが基本構想とされている。

第二に、前節でとりあげた一年単位変形制の対象期間（二条）、および第二区分期間以降の総労働日と総労働時間は「条例の定めるところにより定める」（三条一項）とし、定めたときは「教職員に周知させる」とする（三条二項）。

第三に、対象期間の上限ルールが定められた。一日の労働時間は一〇時間まで、一週の労働時間は五二時間まで、連続して労働させる日数の限度は六日、特定期間では一二日までと定め（四条二項・三項）、労基則と同様の上限時間が採用されている。

第四に、一年単位変形制の活用にあたり、配慮すべき対象者を定め、育児、介護等を行う者

への「必要な時間を確保できるような配慮をしなければならない」とした(五条)。

第五に、制度の導入にあたり、服務監督権者が行う必要がある措置を「指針」に示すとされた(六条)。

この給特則六条をもとに、先の上限指針に追記する形で示された一年単位変形制の指針では、まず導入にあたり、服務監督教育委員会及び校長が講ずべき措置を示している(三章二節(二))。具体的には、(イ)タイムカード等による在校等時間の把握、(ロ)部活動ガイドラインの遵守、(ハ)正規の勤務時間を超える割振りを繁忙期に限ること、(ニ)教職員の業務付加をしないこと等が明記されている。さらに、服務監督教育委員会が学校に対して行うべき措置として、(イ)長期休業期間等における業務量の縮減、(ロ)職員会議、研修等を正規の勤務時間内に行うこと、(ハ)育児等を行う者への配慮をすることが示されている。

ところで、本節(2)でみたように、一年単位変形制の導入手続きを定めた労基法三二条の四では、対象期間における労働日と当該労働日ごとの労働時間など五事項が、あらかじめ労使協定に定められることを義務付けていた。国会審議では、この「法定五事項」を自治体規模の条例等によっていかに定めるのかが問題とされた。

この具体的な構想を示したのが、「七月一七日通知」にて示されたモデル条例、モデル規則である。モデル条例によれば、政令市を除く市町村立学校の場合、まず都道府県の条例において、服務監督教育委員会が「人事委員会規則の定めるところにより、週休日及び勤務時間の割振りを別に定める」とする。これをもとに、「人事委員会規則においては、次に掲げる事項について定める」とし、対象教職員の範囲（一号）、対象期間（二号）、対象期間における起算日（三号）と有効期間（四号）、繁忙期となる特定期間（五号）と起算日（六号）、対象期間における勤務日及び当該勤務日ごとの勤務時間（七号）を記載するものとされている。

これを受けて、都道府県人事委員会規則のモデル規則では、「対象者」に関して服務監督教育委員会が「認める者」とされており、育児を行う者等の配慮者を除いて、基本的に全ての教職員が対象者とされる。次に、「対象期間」についてモデル規則は、「四月一日から翌年三月三十一日までの期間の範囲内で、所管する各学校の実情に応じ、服務監督教育委員会が必要と認める期間」とする。さらに、正規の勤務時間を超える「特定期間」に関しては、「服務監督教育委員会は、……当該起算日を明らかにして週休日及び勤務時間を割り振るものとする」とされ、教員の服務を監督する教育委員会に広い裁量を付与している。

最も重要な事項である「勤務日」と当該勤務日の「勤務時間」の割り振りに関しては、勤務日が「月曜日から金曜日までの五日間」とされており、すべての平日が「勤務日」に指定される。「勤務時間」に関しては、「服務監督教育委員会は、……勤務日ごとの勤務時間を割り振るに当たっては、次の各号に掲げる日について当該各号に定める時間……を割り振るものとする」とされており、「特に業務が繁忙である日」は九時間、「業務量が多い時期の日」は八時間三〇分、前記以外は、七時間四五分を割り振るとしている。これをもとに、「服務監督教育委員会は、……週休日及び勤務時間の割振りを定めた場合……には、教育職員に対して速やかにその旨を通知しなければならない」としている。

これら、都道府県のモデル条例、モデル規則をもとに、具体的な勤務時間の割り振りルールを定めるとされた市町村の教育委員会規則では、わずかに「教育委員会は、週休日及び勤務時間の割り振りを定めるものとする」という一文を追記するものとされている。ここには、一年単位変形制を実施する市町村内の全ての教職員の勤務日と勤務時間を一括して教育委員会が定めることが前提とされている。「七月一七日通知」とともに公開された「手引き」[15]においては、「具体的な割振り権者については、各地方公共団体の条例・規則等にしたがって適切な者が行うこととなりますが、例えば、各学校の校長が割振りを行う場合には、必要となる事項を記載した書類等を教育委員会に提出することも考えられます」として「様式例」が示されている。しかしながら、原則としては服務監督権者である教育委員会が勤務日、勤務時間の割り振りを行うものとされており、各学校、各教員の個別事情をどこまで反映するかは、教育委員会の「善意」に委ねられる仕組みとなっている。

このように、給特法上の一年単位変形制においては、原則として服務監督権者である市町村教育委員会が勤務日、勤務時間の割り振り等を一括して行うことが想定されており、各学校、各教員の個別事情が、そもそも反映されにくい、あるいは、反映できない仕組みとなっている。それゆえ、労基法上の仕組みと比べてみるならば、給特法上の一年単位変形制は、使用者側である教育委員会が一律に勤務日と勤務時間を割り振り、これを教職員に一方的に通知するという労働当事者の同意と参加を徹底的に排除した使用者独裁ともいえる仕組みとなっている。

以上をみてわかるように、改正給特法によって導入される一年単位変形制は、労基法上の仕組みとは全く異なるルールを導入し、全く違う手続きで運用されるという、極めて「異質な仕組み」である。このような、労基法上存在しない新たな仕組みを、給特法改正による「読み替え」で導入することは、労働者の権利と最低限の労働条件を定めた労基法の基準法としての性質からみても極めて重大な問題を孕んでいる。濱口桂一郎は、「地方公務員法や給特法は、労基法の規定を適用除外することはできても、労基法にない規定を勝手に作ることはできない」[16]と指摘しているが、改正給特法上の一年単位変形制は新たな変形労働時間制を「勝手に」新設するものであり、明らかに「読み替え」の範疇を超えている。

また、労基法が義務付ける労使協定締結を不要とし、労基法の最低基準を下回る制度を導入するものであることから、労基法違反、そして勤労条件基準の法定主義を掲げる憲法二七条違反の可能性も指摘されている[17]。改正給特法は、極めて劣悪な仕組みを公立学校教員に適用するものであり、労働当事者である教職員の同意なく一年単位変形制が強制導入される場合には、労基法、憲法違反をめぐる訴訟に発展する可能性もある。自治体にとっても文字通り「百害あって一利なし」の施策であるといえよう。

4　一年単位変形制導入のハードルと決定プロセスの重要性

(1)前提条件としての上限指針の遵守

以上のように、改正給特法(五条)により条例で導入できる一年単位変形制の仕組みは、極めて多くの法的問題を孕んでいる。にもかかわらず、改正給特法は既に成立し、二〇二一年四月から施行されている。しかし、ここで確認しなければならないのは、改正給特法はあくまで条例によって一年単位変形制が導入「できる」とするにすぎず、決して各自治体、学校に導入が義務付けられているわけではないという点である。国会審議の場でも、「変形労働時間制の活用については、各自治体の判断で採用しないということもあり得ると思います。……地方自治体が責任を持ってやるということであれば、それは選択肢としては排除をしません」[18](萩生田光一文科大臣)として、自治体の判断によって一年単位変形制を導入しないことも許されるとしている。

また、条例が制定された後にも、各自治体で一年単位変形制を導入するには、超えなければならない高いハードルが設けられた。それが、時間外労働の上限指針の遵守である。国会答弁では、「変形労働時間制導入する、適用される教員は上限ガイドラインが遵守されていることが必要だと、そういうことでよろしいですか」(吉良よしこ議員)との質問に対し、「そのとおりであります」(丸山洋司初等中等教育局長)との回答がなされている。また、導入後に上限が遵守されていない場合の対応についても、「年度途中等にこうした要件が明らかに遵守できない状況が生じた場合には、まずは各教育委員会等において遵守に向けて是正されるべきであると考えておりますが、それでもなお要件が遵守できないこととなれば、服務監督権者である教育委員会において、休日のまとめ取りのための一年単位の変形労働時間制の活用の指定を取りやめることとなる」(萩生田文科大臣)と答弁されている[19]。

この政府の公式見解や衆参両院の附帯決議により、上限指針に定められる時間外労働時間の上限が、一年単位変形制導入の条件とされることになった。特に参議院附帯決議では、「政府は、一年単位の変形労働時間制を活用した長期休業期間中等の休日のまとめ取り導入の前提要件として、指針に以下の事項を明記し、地方公共団体や学校が制度を導入する場合に遵守するよう、文部科学省令に規定し周知徹底すること」(傍点―引用者)と記載され、その第一に、「指針における在校等時間の上限と部活動ガイドラインを遵守すること」が明記された[20]。この国会附帯決議をうけて、「指針」では、教職員の時間外勤務が、先にみた月四五時間、年間三六〇時間の上限内にあることが一年単位変形制導入の要件として明記された。

この一年単位変形制導入の条件は極めて高いハードルである。序章でみたように、文科省の「教員勤務実態調査(平成二八年度)」(確定値)では、厚労省が「過労死ライン」と定める月あたり時間外労働八〇時間を超える教員が中学校で約六割、小学校でも三割超に達していることが明らかにされている。月あたりの時間外労働時間の上限を四五時間とする上限指針を遵守することは、それ自体極めて高い目標であり、一年単位変形制を導入しうる余地は少ない。先にみたように、「上限指針」は、時間外勤務の抑制装置としては、その実行性が極めて乏しいが、一年単位変形制導入の「歯止め」としては有効な基準として機能しうると考えられる[21]。

（2）制度導入をめぐる決定プロセスの重要性

次に、各市町村立小・中学校で実際に一年単位変形制を導入する場合の具体的対応を考えてみたよう。この場合、都道府県、あるいは政令市において条例を制定することが前提となる。しかし、条例が制定されてもなお、各自治体や学校に導入するかは市町村レベル、さらには、学校レベルの判断に委ねられている。国会答弁においても、「一年単位の変形労働時間制の導入に当たっては、各学校ごとに異なる年間スケジュールを踏まえ、育児や介護を行う者など個々の事情も考えなくてはなりません。そういった意味では、各学校の意向を踏まえずに、都道府県の条例で一律に強制することはできない[22]」（萩生田文科大臣）とされており、条例制定後も一年単位変形制の導入は市町村レベル、あるいは学校レベルの判断に委ねられている。

ここまでみてきたように、「給特法上の一年単位変形制」は、教育委員会の側に極めて広い裁量が与えられる制度である。だが同時に、これを導入するかどうかの決定も、各教育委員会に委ねられている。このため、一年単位変形制の導入をめぐり、以下のような地方自治、学校自治にもとづく対応が求められる。

第一に、都道府県レベル、あるいは市町村レベルにおける職員団体との「交渉」の活用である。地公法五五条一項は、「地方公共団体の当局は、登録を受けた職員団体から、職員の給与、勤務時間その他の勤務条件に関し、……適法な交渉の申入れがあった場合においては、その申入れに応ずべき地位に立つ」とされており、さらに、同条九項において「職員団体は、法令、条例、地方公共団体の規則及び地方公共団体の機関の定める規程にてい触しない限りにおいて、当該地方公共団体の当局と書面による協定を結ぶことができる」とされている。

国会審議においては、一年単位変形制の導入がこの交渉、協定の対象となる勤務条件に該当することが明言されている。すなわち、「本制度の導入についても、この勤務条件に該当することから、導入に当たっては、各地方公共団体において、職員団体との交渉を踏まえつつ検討されるものと考えております」(萩生田文科大臣)というように、[23]都道府県レベルでは条例を制定する際に、市町村レベルでは具体的事項を教育委員会規則に定める際に、職員団体との交渉を経ることが必要な手続きとされている。この点は、「七月一七日通知」においても明示されており、「本制度の活用は、教育職員の勤務条件に当たるものであるため、地方公務員法第五五条に基づく職員団体との交渉や協定の対象となり得るものであり、適法な交渉の申入れが職員団体からなされた場合においては、地方公共団体の当局はその申入れに応ずべき地位にある」とされている。

さらに学校レベルの交渉についても、「校長の権限の範囲に属することであれば交渉の当事者となることもあり得ないわけではない……登録を受けた団体との間であれば、地方公務員法上の交渉が行われることもあり得る」(萩生田文科大臣)と答弁されたように、校長を相手方とする学校レベルでの交渉をも認めている。[24]このように、一年単位変形制の導入にあたっては、都道府県、市町村、そして学校に裁量があり、この三つのレベルで職員団体との交渉を経ることが前提とされている。そこでは、この職員団体の意向を反映した地方自治、学校自治を実質化することが肝要となっている。

第二に、一年単位変形制導入における地方自治のあり方としてもう一つ注目されるのが、地方自治法九九条を根拠とする各地方議会による意見書提出の試みである。具体的には、各市町村議会から各都道府県議会に対して提出されている「公立学校教員に一年単位の変形労働時間制を導入しないことを求める意見書」を採択する動きである(25)。

この意見書は、改正給特法のうち一年単位変形制に関する規定が施行される直前の二〇二〇年三月議会、六月議会にて各地域に広まり、この時期に北海道で一二市町村、秋田県で八市町村、高知県で四市町村の議会が同様の意見書を採択したことが報じられている(26)。意見書の採択は、直接的には都道府県の一年単位変形制の条例制定を抑止しようとするものであるが、他方で、各市町村内での制度導入をめぐる自治的、地域的判断を促すものである。教員の働き方改革にあたり、一年単位変形制の導入がふさわしい制度であるのかを地域的に決定する営みであるともいえるだろう。

ここにみられるように、改正給特法の成立以降も、一年単位変形制をめぐるダイナミズムは存続しており、その舞台は各地方自治体、学校レベルに移っている。前記の都道府県レベル、市町村レベル、学校レベルという三つのレベルにおける職員団体の交渉をいかに実質化させるか、さらには、各自治体議会の意見書採択を通した地域的決定をいかに駆動させるかが重要な課題となっているように思われる。

5　小括——問われる教育の地方自治、学校自治、そして労使自治

教職員の多忙化が社会問題となり、一年単位変形制に多くの学校関係者が反対するなか、二〇一九年一一月七日の衆議院本会議から審議入りした改正給特法は、同年一二月四日の参議院本会議において可決されるという、まさに「スピード審議」によって成立した。同法の成立は、多くの学校関係者に悲観せざるを得ない状況をもたらしたことも確かである。

しかしここまでみてきたように、一年単位変形制の導入をめぐる舞台は、都道府県、市区町村、学校それぞれのレベルに移り、職員団体との交渉も求められている。労働者の働き方の条件を定める労働法一般は、本来、現場での運用や実践によって形づくられる「生ける法」であり、労使間合意や労働者の人間的確信に支えられることが前提となる。このように語る労働法学者の野田進は、働き方改革関連法の施行にあたり「労働時間規制の進路を選択するのは、私たちである」(27)と断言するが、改正給特法上の一年単位変形制の導入をめぐる判断もまた当事者に委ねられた課題となっている。

多くの教職員が反対するなかで、一年単位変形制を学校現場で導入しないようにすることは、当面の課題であるといえるかもしれない。ただし、それは都道府県、市町村の地方自治、そして学校自治、あるいは、そこでの労使自治がどれだけ発揮されるかに懸かっている。一年単位

変形制を導入するのか、しないのか。導入する場合、どのようなルールで運用していくのか。これらの決定過程において、労使間合意を重ねること、さらにいえば、労働当事者の声を反映していくこと。それによって、教育の地方自治、学校自治、そして労使自治を取り戻していくこと、それこそが、一年単位変形制を阻止できるか、という当面の課題よりも重要であるといえるだろう。

特に、教員の勤務時間管理における労使自治の重要性については、第8章で検討するアメリカの団体交渉方式による労働条件決定のメカニズムをみることで改めて検討したい。その前に、改正給特法をめぐるもう一つの本質的問題、すなわち、教員の行った時間外労働を「自発的行為」と処理する給特法の労働時間概念をめぐる問題を次章でみておこう。

【注】

（1）中央教育審議会「新しい時代の教育に向けた持続可能な学校指導・運営体制の構築のための学校における働き方改革に関する総合的な方策について（答申）」二〇一九年一月二五日（https://www.mext.go.jp/b_menu/shingi/chukyo/chukyo3/079/sonota/1412985.htm　二〇二一年一二月一日最終閲覧）。

（2）これらの資料については、以下の文科省ＨＰより入手できる（https://www.mext.go.jp/a_menu/shotou/hatarakikata/index.htm　二〇二一年一二月一日最終閲覧）。

（3）二〇二一年一二月二四日に公表された文部科学省調査「教育委員会における学校の働き方改革のための取組状況調査結果」によれば、上限指針をふまえて、教育委員会規則等を改定した自治体は四五都道府県

（九五・七％）、二〇政令市（一〇〇％）である一方で、一年単位の変形労働時間制を導入するための条令等を制定した自治体は、九都道府県（一九・一％）と一政令市（五％）に留まることが示されている（https://www.mext.go.jp/content/20211221-mxt_zaimu-000019724_2.pdf　二〇二一年一二月三一日最終閲覧）。

（4）たとえば、嶋﨑量「一年単位の変形労働時間制がもたらす危険性」内田良ほか『迷走する教員の働き方改革―変形労働時間制を考える―』岩波ブックレット、二〇二〇年、四八頁、藤川伸治「給特法改正は長時間労働解消につながるのか」『現代思想』四三巻六号、二〇二〇年、一二七頁、西村祐二「ポストコロナの働き方改革」『季刊教育法』二〇五号、二〇二〇年、一二頁。

（5）二〇一九年一一月七日第二〇〇回国会衆議院会議録五号四頁。

（6）毛塚勝利「労基法労働時間法制からの脱却を」『日本労働研究雑誌』六九〇号、二〇一八年、七六頁、野田進「労働時間規制改革における立法と判例の相関」『労働法律旬報』第一九二七＋二八号、二〇一九年、八頁。

（7）内田良「学校の現状を見える化する」内田良ほか・前掲書、二〇二〇年、一一―一二頁。

（8）斉藤ひでみ「変形労働時間制は教育現場に何をもたらすか？」内田良ほか・前掲書、二〇二〇年、七〇頁。

（9）人事院「義務教育諸学校等の教諭等に対する教職調整額の支給等に関する法律の制定についての意見の申出に関する説明」（一九七一年二月八日）。

（10）片岡曻・萬井隆令編『労働時間法論』法律文化社、一九九〇年、一九六頁（藤内和公執筆）。

（11）厚生労働省労働基準局編『労働基準法解釈総覧〔改訂一五版〕』労働調査会、二〇一四年、三三三―三三四頁。

（12）濱口桂一郎『日本の労働法政策』労働政策研究・研修機構、二〇一八年、四五頁。その運用実態については、諏訪康雄「労働政策審議会―労働政策の形成過程における合議体の機能―」『日本労働研究雑誌』七三一号、二〇二一年、四頁。

(13) 改正給特法が、公務員法上の勤務条件法定主義を理由に労使協定を除外することの問題については、清水敏「地公法および給特法の改正と労働基本権」『季刊労働者の権利』三三五号、二〇二〇年、四九頁。

(14) 文部科学省初等中等教育局長「通知」(二文科初五六八号)二〇二〇年七月一七日。

(15) 文部科学省初等中等教育局初等中等教育企画課「公立学校の教育職員における『休日のまとめ取り』のための一年単位の変形労働時間制―導入の手引き―」二〇二〇年七月(https://www.mext.go.jp/content/20210210-mxt_syoto01-100002245_01.pdf 二〇二一年一二月一日最終閲覧)。

(16) 濱口桂一郎「公立学校教師の労働時間規制」『労基旬報』一七二三号、二〇一九年、六頁。

(17) 白神優理子「学校に変形労働時間制が導入されたら」大貫耕一編『学校と教師を壊す「働き方改革」―学校に変形労働時間制はいらない―』花伝社、二〇二〇年、二五頁。

(18) 二〇一九年一一月一三日第二〇〇回国会衆議院文部科学委員会議録六号一五頁。

(19) 二〇一九年一一月二六日第二〇〇回国会参議院文教科学委員会会議録四号二七頁。

(20) 参議院文教科学委員会「公立の義務教育諸学校等の教育職員の給与等に関する特別措置法の一部を改正する法律案に対する附帯決議」(二〇一九年一二月三日)。

(21) それゆえ、「上限指針」を遵守できないから一年単位変形制を導入するというのは本末転倒であり、改正給特法の趣旨に反する。

(22) 二〇一九年一一月一三日第二〇〇回国会衆議院文部科学委員会議録六号三一頁。

(23) 二〇一九年一一月一三日第二〇〇回国会衆議院文部科学委員会議録六号二〇頁。

(24) 二〇一九年一二月三日第二〇〇回国会参議院文教科学委員会会議録六号一一頁。

(25) 意見書の内容と採択の経緯については、鈴木大裕「教員の変形労働時間制と地方からの抵抗」大貫・前掲書、二〇二〇年、五一―六四頁。

(26) 毎日新聞朝刊二〇二〇年七月三日。

(27) 野田・前掲書、二〇一九年、一二頁。

第５章　改正給特法における「労働時間」概念の問題
――労基法を潜脱する「在校等時間」論批判

1　はじめに――「労基法の労働時間概念」がなぜ重要なのか

前章にみたように、改正給特法によって導入される一年単位の変形労働時間制（以下、一年単位変形制）は、労基法に定められたルールからみても極めて異質であり、多くの問題があることは間違いない。だが、改正給特法においては、一年単位変形制の問題にとどまらず、そもそも「超勤四項目」以外の業務を「自発的行為」として、「タダ働き」とする運用をそのままにしていることに根本的な問題が存在する。

二〇一九年の給特法改正以降、文科省は給特法の解釈と運用を是正するどころか、むしろ、これを政府の公式見解として容認し、「タダ働き」を「合法」化する施策を展開している。この改正給特法のもとで、文科省は「在校等時間」なる異質な労働時間概念を持ち出したのである。この「在校等時間」概念により、「超勤四項目」以外の業務を「タダ働き」とする給特法の運用が正当化され、さらに、本来、公立学校教員にも適用される労基法三二条の労働時間規制が、事実上適用除外されるかのような解釈と運用がもたらされている。

そこで本章では、給特法改正に伴い文科省に持ち出された「在校等時間」という公立学校教員に特殊な労働時間概念が、学説、判例によって蓄積されてきた「労基法上の労働時間」概念からみて、いかに問題を有するかについて論じる。第3章でみたように、給特法はあくまで超勤手当の支給義務を定めた労基法三七条のみを適用除外しており、労基法三二条等による労働時間規制そのものを何ら修正するものではない。この点は、二〇一九年の給特法改正後も変更がなく、公立学校教員においても労基法三二条が規制対象とする労働時間の概念をもとに、その上限が遵守されなければならない。

後述するように、「在校等時間」概念とは、「超勤四項目」以外の業務も含めて教員が学校に滞在している時間を指しているが、文科省は労基法三二条の規制対象となる労働時間とは異なる時間であると説示している。この概念は、給特法の条文上に示されたものではなく、あくまで文科省による行政運用上の概念として持ち出されたものであるため、労基法のもとで正当性をもちうる措置であるのかを検証する必要がある。このことは、「法律による行政」の原則が遵守されているのかを問う上でも重要であるといえるだろう。

実は、「超勤四項目」以外の業務が、「在校等時間」として「タダ働き」とされることが合法なのか、それとも、「労基法上の労働時間」に該当し労基法三二条違反となるのか、という労働時間規制をめぐる基本問題は、これまで正面から扱われてこなかった争点であった。この背景には、学説においても、給特法が労基法の基本原則からみていかなる「特例」を定める法律なのか、という根本的な問いに対する定説が存在せず、現状においても諸説存在するという事情がある。

そこで本章では、まず給特法とはいかなる「特例」を定める法律なのか、をめぐる諸学説の類型化を試み、「超勤四項目」以外の業務をめぐる「労基法上の労働時間」該当性がなぜ重要な争点となるのかを示したい。その上で、文科省が示す給特法解釈の問題を「労基法上の労働時間」概念から検討し、さらに、二〇一九年給特法改正後に文科省が持ち出した「在校等時間」なる概念の問題について検証する。

2　給特法の特殊ルールをめぐる諸説

第3章で詳述したように、給特法は、あくまで公立学校教員の時間外労働の取扱いをめぐる特例ではあるが、適用除外されるのは、超勤手当支給を定める労基法三七条のみであり、同法三二条等の労働時間規制に変更を加えるものではない。給特法は法形式上、労基法三三条三項を公立学校教員に適用することで「超勤四項目」について三六協定なしに時間外勤務を命じることを認め、それ以外の時間外勤務を禁止するという体裁をとっている。しかしながら、実際には教員の時間外勤務の多くは、「超勤四項目」以外の業務によって占められてきた。この「超勤四項目」以外の業務の労基法上の取扱いについて、文科省解釈と学説は対立し、また、給特法が労基法上の一般ルールからみていかなる「特殊ルール」を定める法律なのかをめぐり、学界内においても定説が存在してこなかった。この行政解釈と学説との対立、ならびに、学界内での対立が、「超勤四項目」以外の業務が「労基法上の労働時間」に該当するのかという根本問題を裁判上も不問に付してきたといえる。そこで以下では、まず給特法の「特殊性」をめぐる学説を整理し、これをもとに文科省解釈の問題を検討することで、「超勤四項目」以外の業務の労働時間該当性を問うことの意義を示したい。

（1）「定額働かせ放題」説（無定量・無制限労働説）

前記のように、給特法は教職調整額を支給する代わりに、労基法三七条にもとづく超勤手当の支給義務を適用除外することから、これを「定額働かせ放題」と称する見解が存在する。この代表的論者といえるのが教育社会学者の内田良である。内田は給特法の説明として、「4％の教職調整額を支給する代わりに、残業代は支払わないという形式である。こうして、教員の働き方は『定額働かせ放題』となった」[1]と指摘している。この見解は会計検査院の専門調査官（当時）である山口亨の見解とも類似しており、そこでは「教職調整額は、限定四項目に対する対価とか、あるいは時間外勤務に対する対価というものではなく、勤務時間の内外を問わずその特殊性に配慮したということになる……したがって、時間外勤務をしたとしても、その対価は教職調整額で措置済みであるから、重ねて時間外勤務手当の請求権が発生するとは考えにくい」[2]（傍点―引用者）との見解を示している。これらの見解はいずれも、教職調整額が「超勤四項目」以外の業務を含めた対価であり、教員の時間外勤務はすべて教職調整額によって措置されているという解釈をとっている。判例の一部では、これと同様の見解をとるものも存在する。例えば、大府市立中学事件地裁判決においては、[3]「教員の職務内容には、……教師本来の職務に属する業務①、本来の職務に付随する業務②、本来の職務か否か必ずしも明らかでない業務③、広義の教育活動には属するが職務とはいえない業務④が存在するところ、教職調整額が、現実に存在している時間外勤務のうち、……右①、②の業務は、給与措置の対象として念頭に置かれていたものと推認することができる」として、「超勤四項目」以外の業務であっても、「教師本来の職務に属する業務」と「本来の職務に付随する業務」に関しては、対価として教職調整額が支給されているとの見解がとられている。いわば、「超勤四項目」以外の業務も対価が支払われていると把握することにより、給特法は上限なく、無定量な労働を包摂するという解釈である。

給特法を「定額働かせ放題」として把握する見解は、教員の働き方の異常性を象徴し、世論喚起をする点において、運動論として重要な役割を果たしたと評価できる。しかしながら、そのような見解は、第3章でみた職務の「内容による歯止め」という同法の立法趣旨に反する。そもそも、給特法六条が「教育職員……を正規の勤務時間……を超えて勤務させる場合は、政令で定める基準に従い条例で定める場合に限るものとする」と明示していることを死文化し、また、「超勤四項目」を政令で定め限定すること自体を無意味化するものといわざるをえない。また、労基法三三条三項の「本則」が適用対象外としている業種を「読み替え」によって適用するという真逆の措置がとられていることからも、給特法が許容する時間外勤務は、極めて限定的なものと解釈する必要がある。このような観点からみても、給特法を「定額働かせ放題」として把握する解釈は、法律論としての精確性を欠いているというべきだろう。給特法という法律のもとで何が生じているのかという「事実」論と、その法律がどのように解釈される「べき」なのかという「規範」論は区別して論じられる必要がある。

（2）固定残業制説

この見解は、給料月額四％の教職調整額を、時間外勤務手当に代えて一定額の手当を支払う「固定手当制」、ないし、「定額給制」とする考え方である。これは、超勤手当の支払いを義務付ける労基法三七条との整合性を図ろうとする見解であり、そこでは教職調整額は「時間外労働の有無や実際の就労時間に関係なく四％の支給が義務付けられており特殊な形の『固定残業制』と評価することができる」(4)とされている。また、判例においても、「割増賃金に関する労基法三七条、給与法、給与条例の各規定の適用を排除し、これに対する代償措置として給料の四パーセントの教職調整額を支給することにしたものと解される」として、教職調整額を時間外勤務手当の代償措置と解するものがある(5)。

しかしながら、この見解も、第3章でみたように、給特法が時間外勤務を「超勤四項目」のみに限定し、「内容によって歯止めをかける」という給特法の趣旨をふまえていないといわざるを得ない。また、この解釈は給特法の立案過程からみても、適切でないように思われる。給特法制定前、当初は、一九六八年に教育公務員特例法の一部改正法案が上程され、時間外勤務手当の相当分として給料月額四％の「教職特別手当」を創設することが提起されていた。この一部改正法案は、審議未了となり廃案となったが、一九七一年に給特法が審議される際は、廃案となった「教職特別手当」と「教職調整額」との違いが説明され、後者は必ずしも時間外勤務の対価ではないことが強調されていた。それは、当時の日教組が、教員の時間外勤務問題に関して、教職調整額の支給とともに、計測可能な労働時間に関しては、労基法三七条にもとづく超勤手当の支給を求めるという「二本立て要求」を行っていたことに対して、これを明確に否定するためにとられていた差別化であった。[6] 当時の人事院総裁の佐藤達夫による国会答弁によれば、廃案となった「教職特別手当」は、「それは本俸扱いでも何でもない、超過勤務の一種の手当の包括的な支給の性格を持っておる」とし、他方で、給特法の「教職調整額」は、「勤務時間の内にも目も注いで、内と外と両面にわたって勤務の実態を把握してそれを評価するたてまえ」にあるとし、本給相当の給与として両者の違いが強調されていた。[7] このため、「固定残業制説」は、廃案となった「教職特別手当」と、給特法のもとで成立した「教職調整額」を混同するものであり、両者の違いを強調する立法経緯からみても成立しがたい。[8] 教職調整額の法的性質、ならびに、給特法の特殊ルールを民間事業所の慣行になぞらえて単純化したきらいがあるといえるだろう。

（3）特則・本則区分説

この説は、給特法が「超勤四項目」の時間外勤務のみを許容し、他方、同法が労基法三六条を適用除外していないことに着目し、「超勤四項目」以外の業務は労基法三六条の適用対象となり、また、第3章にみた労基法の直律的効力（直律効）により同法三七条にもとづく超勤手当も支給されるという解釈である。この見解では、給特法のもとでの時間外勤務が、①給特法の特別ルールの対象となる「超勤四項目」の時間外勤務（特則対象業務）と、②労基法三六条の対象となる時間外勤務（本則対象業務）に区分され、後者は労基法三七条による超勤手当の対象にもなるとされる。それゆえ、給特法の時間外労働を分類して捉える点で「特則・本則区分説」と呼ぶことができる。萬井隆令は、給特法が「超勤四項目」のみの時間外勤務を許容していることを重視し、仮にこの業務以外の時間外勤務が発生した場合には、「労働時間制の原則に立ち戻り、超過勤務を命じる場合には事前に三六協定を締結する必要があり、現実に超過勤務をさせた場合には、労基法三七条の適用がある」[9]としている。この解釈は、給特法の特則は、あくまで「超勤四項目」のみを対象とするものであり、これに該当しない時間外勤務は、労基法の本則に立ち戻るという解釈であり、現在の給特法をめぐる学説上、有力説としての地位を占めている[10]。

この見解は、給特法の法文に即しつつ、労基法一三条に定められた同法の直律効を根拠として、労基法の基本原則を貫く点において趣旨が明快であるが、そこには理論的な弱点がないわけではない。それは、「超勤四項目」以外の業務に対して、なぜ給特法が明確に適用除外している三七条が適用できるのかという根拠が十分に示されていない点にある。それゆえ、「超勤四項目」以外の業務を労基法三六条の対象とする立場のなかにも、「その時間外労働は、三六条による時間外労働であるとしても、教職特別措置法によって、労基法三七条は適用除外になっているので、二割五分以上の割増賃金の支払は、使用者側に義務付けられない」として、割増分を除いた本給分のみが支給されるとの解釈が存在している[11]。特則・本則区分説は、時間外労働を教職調整額対象と、労基法三七条対象の「二本立て」にする解釈を採るが、特に後者について、労基法三七条を明確に適用除外する給特法のもとで論理内在的な弱点を抱えていたといえる。

実際に、北海道公立学校事件札幌地裁判決においては[12]、特則・本則区分説を採用する原告側主張に対して、この主張が「教職の調整額の付与を受けると共に時間外勤務等手当も受領できるという解釈であって、前記説示のとおり法律及び条例の条文に明らかに反するもので、条文解釈の域を超えたものといわざるを得ず……立法政策としての主張であれば相応に首肯し得る余地がないとはいえないものの、法令の解釈論としては、到底採用できないものである」と判示している。いわば、給特法が明確に労基法三七条を適用除外するなかで、「特則」と「本則」を二分し、「超勤四項目」以外の業務に労基法三七条を適用するとの論理は、給特法の解釈からは導けず、立法論上の問題とされたのである。それゆえ、「特則・本則区分説」のもとでは、「本則」該当部分とされる時間外勤務が労基法三七条の超勤手当支給対象となるのかという法律判断が焦点化されてしまい、そもそも当該業務が労基法三二条の定める労働時間に該当するのか、という争点は埋没してきたといえる。

（4）免罰効規定説

労基法三六条、三七条の適用を求める「特則・本則区分説」と結論を同じくしつつも、給特法が労基法三七条を適用除外していることとの整合性を図ろうとする点で注目されるのが、給特法を公立学校教員に固有な免罰的効果（免罰効）を定める法規であるとする「免罰効規定説」である。第3章でみたように、労基法は、同法三二条に定められた上限に労働時間を規制し、その上限規制を超えて労働者を働かせた使用者に罰則を課している。その例外として、労基法三六条の三六協定締結等の手続きを経た場合、あるいは、労基法三三条の「臨時の必要のある場合」の要件を満たした場合に、使用者への罰則を免除している。それゆえ、これらの例外手続きを定めた規定を免罰効規定と呼ぶ。これをもとに、給特法は、公立学校教員のみに適用される免罰効の特殊な要件を定めた法規である、とするのがこの説の趣旨である。

萱野和夫は、給特法の性質を以下のように説示する。すなわち、給特法は「時間外・休日労働をさせうる場合を、国立学校教職員の時間外・休日労働……に準じて条例で定めることとされ、この場合に該当するかぎり労基法所定の時間外・休日労働協定（36条）を要せず、また割増賃金の支払（37条）を要しないとされる。その代わり、これら教職員には俸給月額の100分の4の教職調整額が支給される」（傍点―引用者）[13]と述べている。

いわば、給特法は、労基法三三条三項にもとづく時間外・休日勤務を「超勤四項目」に限って許容するものであり、前記の条件を満たす限りにおいて、労基法三二条、三六条、三七条の義務違反を問われないという免罰効をもつとする見解である。これは、「超勤四項目」以外の時間外勤務をめぐり、その根拠規定とされる労基法三三条三項自体が免罰効規定であることに着目し、給特法が示す条件を満たさない時間外勤務に関しては、まずもって労基法三二条違反となり、当該時間外労働をさせるためには、労基法三六条、三七条所定の手続きが必要になるという解釈である。(14)それゆえ、そこでは給特法、および勤務時間政令については、以下のように解釈されることとなる。

まず、給特法は、給料月額四%の教職調整額の支給により労基法三三条三項にもとづく時間外・休日勤務を「超勤四項目」に限って許容するものであり、「公務のために臨時の必要がある場合」で「健康及び福祉を害しない」という条件を満たす限りにおいて、労基法三二条違反を問われないこととなる。ゆえに、給特法三条二項については、政令に定められる「超勤四項目」についてのみ「時間外勤務手当及び休日勤務手当は、支給しない」ことが許される、と解釈することができる。また、勤務時間政令の「原則として時間外勤務……を命じない」は、「教職調整額をもって命じられない」と解することにより、「超勤四項目」以外の時間外勤務に関しては、労基法三六条の対象として三六協定の締結を要し、そこで行われた業務に対しては、超勤手当の支給義務が発生するとの解釈が可能となる。

前記のように、特則・本則区分説が、「本則」の適用にあたり、給特法の労基法三七条適用除外規定との整合性に難を示していたのに対して、免罰効規定説は、給特法によって適用される労基法三三条三項自体が免罰効規定であることに着目し、「超勤四項目」以外の業務は免罰効の条件を満たしていないのだから、働かせた側は罰則の適用対象となり、また、実際に発生した時間外労働には労基法三六条の手続き、そして三七条に定める超勤手当の支給が必要になる、とする点でより明快であるといえるだろう。

それゆえ、この免罰効規定説において重要なことは、時間外に発生した「超勤四項目」以外の業務が、労基法三二条の規制対象となる労働時間に該当するのかという問題、すなわち「労基法上の労働時間」該当性の法律判断ということになる。当該業務が「労基法上の労働時間」に該当するならば、免罰効の対象とならない以上、まずもって労基法三二条の上限規制違反に該当し、当然にして労基法三七条にもとづく超勤手当の支給が必要になる。よって、給特法を「公立学校教員に固有な免罰効規定」と把握することにより、当該時間外勤務が労基法三二条の定める「労基法上の労働時間」に該当するのかが、重要争点として浮上することとなる。実は、第7章で詳述する埼玉教員超勤訴訟はこのロジックをもとにして裁判所の法律判断を求めている。

「超勤四項目」以外の業務に関して、まずもって労基法三二条の上限規制違反を問うこと、及び、そのために当該業務が「労基法上の労働時間」に該当するかを問うことは、しごく当然の基本的論点であるといえる。しかしながらこの問いは、これまでの学説においても、また、従来の裁判例においても明確な争点とはされてこなかった。その背景には、先にみてきた給特法の法的性質をめぐる学説上、判例上の見解の相違があり、さらにはその混乱を助長するような、およそ法律論としては粗雑ともいえる文科省の給特法解釈が存在していたことがあげられる。これを次に詳しくみていこう。

（5）文科省解釈（自発的行為説）

文科省は、給特法に関して前記いずれの解釈もとらず、驚くべきことに、二〇一九年給特法改正以降、同法が労基法三二条をも適用除外し、公立学校教員が労基法上の労働時間規制の対象外となるかのような解釈をも示している。

先にみたように給特法は、法形式上、労基法三三条三項を公立学校教員に適用することで「超勤四項目」について三六協定なしに時間外勤務を命じることを認め、それ以外の時間外勤務命令を禁止するという体裁をとっている。文科省解釈はこれまで、「超勤４項目以外の勤務時間外の業務は、超勤４項目の変更をしない限り、業務内容の内容にかかわらず、教員の自発的行為として整理せざるをえない。／このため、勤務時間外で超勤４項目に該当しないような教職員の自発的行為に対しては、公費支給はなじまない[15]」と説示してきた。すなわち、文科省は「超勤四項目」以外の業務を「労基法上の労働時間」とは認めず、校長の関知しないところで教員が行った「自発的行為」と位置づけ、当該業務への対価は必要がないものとしてきたのである。

この文科省の給特法解釈は、あくまで給特法、勤務時間政令の法形式上、「超勤四項目」以外の業務への時間外勤務命令は「存在しないはず」だから、これらはすべて「自発的行為」であり労働時間に含まれないとするものである[16]。

しかるに、第6章にて詳述する給特法制定後の教員超勤訴訟の動向にみるならば、この文科省解釈の影響を受け、「超勤四項目」以外の業務に関しては「自発的行為」であることを推定し、当該業務への使用者による「強制の程度」が審査されるという傾向をみることができる。

給特法制定後、はじめての教員超勤裁判である愛知県立松蔭高校事件判決では、[17]「超勤四項目」以外の業務に対する超勤手当請求権の有無が争点とされた。同判決は給特法とこれにもとづく給与条例のもとで超勤手当が支給される条件を示し、「それが当該教職員の自由意思を極めて強く拘束するような形態でなされ、しかもそのような勤務が常態化している」(傍点—引用者)場合に限られるとし、原告の超勤手当請求権を否認している。

他方で、京都市公立学校事件においては、給特法に違反する時間外勤務命令(職務命令)の存否とともに、長時間にわたる時間外勤務を行わせた校長の安全配慮義務違反が争われた。この事件の最高裁判決では、[18]原審によって示された「校長等から勤務時間外に強制的に特定の業務をすることを命じられたと評価できるような場合には、違法となる」(傍点—引用者)という判断基準が是認され、「勤務校の各校長が被上告人らに対して明示的に時間外勤務を命じてはいないことは明らかであるし、また、黙示的に時間外勤務を命じたと認めることもできず、他にこれを認めるに足りる事情もうかがわれない」として、ここでも原告の主張が斥けられている。

これらの判決では、「超勤四項目」以外の業務が「自発的行為」であることを推定した上で、当該業務が「自由意思を極めて強く拘束するような形態」で行われているのか、あるいは、「強制的に特定の業務をすることを命じられたと評価」できるのか、という使用者による「強制の程度」を判断する構成がとられている[19]。

しかしながらここで注目すべきは、これらの判断は労基法三七条にもとづく超勤手当の請求権の有無、あるいは、給特法に違反する時間外勤務命令(職務命令)の存否を判断するものであり、「労基法上の労働時間」該当性に関する判断ではないという点にある。給特法においても労基法三二条が適用されているという法形式からみるならば、まずもって「超勤四項目」以外の業務が、「労基法上の労働時間」に該当するかが、問われるべきであったといえるだろう。いわば、「超勤四項目」以外の業務を「自発的行為」とする文科省解釈自体が、学説、判例によって積み重ねられてきた「労基法上の労働時間」概念から精査されなければならない。

そこで次節では、この「労基法上の労働時間」概念をもとに、「超勤四項目」以外の業務を「自発的行為」とする文科省解釈の問題、ならびに、二〇一九年改正給特法以降に持ち出された「在校等時間」概念の問題についてみていこう。

3　文科省の示す労働時間概念の問題

(1) なにをもって労働時間とするか
――「労基法上の労働時間」の判断基準

労基法三二条をめぐる学説、判例からみた場合、「超勤四項目」以外の業務を「自発的行為」と処理し、「労基法上の労働時間」ではないとする文科省の給特法解釈は、率直に述べるならば、茶番に過ぎない。文科省は、「超勤四項目」以外の業務は存在しない「はず」だから、これらはすべて「自発的行為」であり、「労基法上の労働時間」にあたらないとしている。しかしながら、当該業務が労働時間に該当するかは、学説、判例が一致しているように、一定の基準に従って「客観的に」判断されなければならない[20]。

最高裁は、三菱重工長崎造船所事件判決において[21]、当該業務が「労基法上の労働時間」に該当するか否かは、「労働者の行為が使用者の指揮命令下に置かれたものと評価することができるか否かにより客観的に定まるものであって、労働契約、就業規則、労働協約等の定めのいかんにより決定されるべきものではない」(傍点—引用者)として、「客観説」と呼ばれる考えのもと、当該業務が労働時間に該当するかは、客観的な判断基準のもとに審査すべきとしている。

問題は、この客観的な判断基準をどのように設定するかである。この判断基準をめぐっては、近年の学説整理によると以下の三説に分類することができる[22]。

第一に、労働時間に該当するかどうかを使用者の「指揮命令」の有無という単一要素によって判断する「指揮命令下説(純粋指揮命令下説、単一要件説)」である。第二に、指揮命令の有無のみだけでなく、当該業務が「職務」に該当するか、という要素を部分的に採り入れて判断する「限定的指揮命令下説(部分的二要件説)」である。そこでは、「労基法上の労働時間」とは「使用者の作業上の指揮監督下にある時間または使用者の明示または黙示の指示によりその業務に従事する時間」(傍点—引用者)と定義づけられており、指揮命令の有無のみでは判断できない場面において、例外的かつ部分的に当該業務が「職務」であったかを考慮要素とする考え方である。[23]

第三に、近年、有力説とされている「相補的二要件説」であり、常に労基法上の労働時間を「関与要件」と「職務性要件」の二つの要素によって判断すべしとする考え方である。「相補的二要件説」を提唱する荒木尚志は、労基法三二条の「労働させ」という文言を「労働」と「させる」という二つの要素によって把握し、前者を「職務性」、後者を「使用者の関与」とすることにより、この双方の要素によって判断される労働時間概念を「相補的二要件説」として説明する。つまり、「労基法上の労働時間」とは明示、黙示の「指揮命令」の有無にとどまらず、「使用者の関与」と「職務性」の程度を判断して、客観的に「労働させ」たという事実によって把握されることとなる。この学説によれば、「労基法32条の構造を踏まえ、労働時間概念は使用者の指揮命令に代表される使用者の関与要件（労基法32条の労働「させ」たといえるか）と、活動内容（職務性）要件（当該時間が「労働」といえるか）という二要件から構成されており、いずれか一方が完全にかけた場合は労働時間性が否定される」（傍点―引用者）[24]こととなる。

近年の判例にみるならば、最高裁は「指揮命令下説」に立ちつつこの相補的二要件説に示される「職務性」の要件を採り入れつつある。[25] 実際に、先の三菱重工長崎造船所事件最高裁判決においても、「労働者が、就業を命じられた業務の準備行為等を事業所内において行うことを使用者から義務付けられ、又はこれを余儀なくされたときは、当該行為を所定労働時間外において行うものとされている場合であっても、……使用者の指揮命令下に置かれたものと評価することができ〔る〕」（傍点―引用者）として、使用者の実質的な関与と業務関連性に着目して、「業務の準備行為」が「労働基準法上の労働時間」に該当すると判示している。

また、実作業に従事していない仮眠時間が労働時間に該当するかを争った大星ビル管理事件(26)においても、最高裁は「不活動仮眠時間であっても労働からの解放が保障されていない場合には労基法上の労働時間に当たる」(傍点―引用者)との判断基準を示した上で、「本件仮眠時間は全体として労働からの解放が保障されているとはいえず、労働契約上の役務の提供が義務付けられていると評価することができる」(傍点―引用者)として、「労働契約上の役務の提供」という職務性に着目して「労基法上の労働時間」に該当すると判断している。

以上のような「労基法上の労働時間」の判断基準にみるならば、「超勤四項目」以外の業務を「自発的行為」と処理する文科省の給特法解釈は、近年、自ら実施してきた「学校における働き方改革」施策により、ますます正当性を持ち得なくなっている。

給特法改正に先立ち、二〇一九年一月二五日に「公立学校の教師の勤務時間の上限に関するガイドライン」を公表して以来、文科省は「超勤四項目」以外の時間外勤務に関しても、「在校等時間」概念のもとに、教育委員会、校長の勤務時間管理の対象としてきた。文科省が二〇一九年三月二九日に公表した「公立学校の教師の勤務時間の上限に関するガイドラインの運用に係るQ&A」によれば、「『超勤4項目』以外であっても、校務として行うものについては、超過勤務命令に基づくものではないものの、学校教育に必要な業務として勤務していることに変わりありません」として、これらの業務を明確に「職務」として位置付けている。その上で、「『超勤4項目』以外の業務のための時間についても『在校等時間』として勤務時間管理の対象にする」として、使用者による「勤務時間管理」を義務付けている（傍点—引用者）。

このように文科省は、「在校等時間」なる概念のもと、「超勤四項目」以外の業務が、「職務」であるとし、また、教育委員会、校長による勤務時間管理の対象であることを認め、「職務性要件」と「関与要件」の双方を充足させる施策を自ら展開してきた。これが、「超勤四項目」以外の業務を教員が勝手に行った「自発的行為」と処理する従来の文科省解釈と大きく矛盾することは明らかである。

（2）給特法改正審議で明らかとなった「在校等時間概念」の問題

文科省の持ち出す「在校等時間」がいかなる概念なのかは、二〇一九年の給特法改正をめぐる国会審議においても追及されることとなった。改正法案の審議が大詰めとなった二〇一九年一一月二六日の参議院文教科学委員会において、横沢高徳議員からは、「上限ガイドラインが今年一月に定められ、自主的、自発的時間を含み在校等時間という概念として時間管理を行うことになりました。……であれば、もはや自主的、自発的時間も労働時間であることを文科省は明らかに認めていることにならないでしょうか」との質問がなされた。これは、「超勤四項目」以外の業務を時間管理の対象としている以上、「在校等時間」とされている時間は、「労基法上の労働時間」に該当するのではないかとの、正鵠を射た質問であったといえる。

これに対し、萩生田光一文科大臣（当時）は、「校務であったとしても、使用者からの指示に基づかず所定の勤務時間外にいわゆる超勤四項目に該当するもの以外の業務を教師が行った時間は、基本的には労働基準法上の労働時間には該当しません」(傍点—引用者)と答弁している[27]。この答弁は、「使用者からの指示に基づかない」という明示的な時間外勤務命令の不在を理由に、「労基法上の労働時間」に該当しないとするものである。しかしながら、当該業務が校務であり、その勤務時間管理を教育委員会や校長に義務付けているならば、それは紛れもなく「労基法上の労働時間」に該当する。

それゆえ、文科省は、時間管理の対象である「在校等時間」が「労基法上の労働時間」とは異なることを「二つの労働時間」の概念のもとに説明する。すなわち、「地方公務員法上の勤務時間と、いわゆる超勤四項目以外の業務であっても、学校教育に必要な業務として働いている時間を含む在校等時間とは異なるものであると考えております。／その意味で、二種類の時間があるということになります」(丸山洋司初等中等教育局長)と、「労基法上の労働時間」と「在校等時間」とは異なるとの解釈を示している(傍点—引用者)[28]。

しかしながら、この「二つの労働時間」という概念は、労基法三二条のもとでは成立しない。労基法では、労働時間と労働時間でない時間(非労働時間)の間に中間領域は設けられておらず、労働者の時間は必ずいずれかに分類されるからである[29]。公立学校教員にも、労働時間規制を定めた労基法三二条は適用されていることから、当該業務が労働時間に該当しないならば「非労働時間」であり、教員に業務にあたらせることも、この時間管理を校長等に義務付けることも成り立たない。

文科省の示す「二つの労働時間」という概念は、労基法三二条を適用除外しない限り成立しない概念であり、労働時間の上限規制を恣意的な行政運用によって否定するものである。それゆえ、「超勤四項目」以外の業務を「在校等時間」概念によって、「労基法上の労働時間」該当性を否定する文科省施策は、労基法三二条の上限規制に違反する可能性があり、ひいては勤労条件基準の法定主義を掲げる憲法二七条にも抵触するといえるだろう。

他方、国会答弁に示された文科省の解釈は、明示的な指揮命令の有無のみに特化して「労基法上の労働時間」に該当するかを判断する見解（いわゆる、純粋指揮命令下説[30]）に立ち、労働時間の発生要件を極めて限定的に捉えているともみることができる。

実際に、二〇二一年六月二一日に文科省により更新された「公立学校の教育職員の業務量の適切な管理その他教育職員の服務を監督する教育委員会が教育職員の健康及び福祉の確保を図るために講ずべき措置に関する指針に係るＱ＆Ａ」（以下、「Ｑ＆Ａ」）によると、以下のように、文科省が使用者の指揮命令の有無のみを労働時間概念の指標としていることが窺える。

> 地方公務員法上の「勤務時間」は、基本的には労働基準法上の「労働時間」と同義であると考えられますが、厚生労働省が作成した「労働時間の適正な把握のために使用者が講ずべき措置に関するガイドライン」によれば、労働基準法における「労働時間」とは、使用者の指揮命令下に置かれている時間のことをいい、使用者の明示又は黙示の指示により労働者が業務に従事する時間は労働時間に当たるとされています。このことから、教師に関しては、校務であったとしても、使用者からの指示に基づかず、所定の勤務時間外にい

わゆる「超勤四項目」に該当するもの以外の業務を教師の自発的な判断により行った時間は、労働基準法上の「労働時間」には含まれないものと考えられます（傍点―引用者）。

このように、「Q＆A」は厚労省ガイドラインをもとに、「明示又は黙示の指示」がなければ労働時間には該当しないとしている。しかしながら、ここで注目されるべきは、文科省が根拠とする「厚労省ガイドライン[31]」は、このような「明示又は黙示の指示」の存在のみを根拠とする労働時間概念を採用していないという事実である。

たしかに、厚労省ガイドラインは、「労働時間とは、使用者の指揮命令下に置かれている時間のことをいい、使用者の明示又は黙示の指示により労働者が業務に従事する時間は労働時間に当たる」という定義を記載している。しかし、そこには、但し書きが付されている。

すなわち、前記の定義に続けて、「労働時間に該当するか否かは、労働契約、就業規則、労働協約等の定めのいかんによらず、労働者の行為が使用者の指揮命令下に置かれたものと評価することができるか否かにより客観的に定まるものであること。また、客観的に見て使用者の指揮命令下に置かれていると評価されるかどうかは、労働者の行為が使用者から義務づけられ、又はこれを余儀なくされていた等の状況の有無等から、個別具体的に判断されるものであること」（傍点―引用者）としている。そこでは、先にみた三菱重工長崎造船所事件最高裁判決と同様の、指揮命令の有無と職務性の両面からみるという判断基準が明示されているのである。

その上で、厚労省ガイドラインは、労働時間に該当する具体例として、「使用者の指示により、就業を命じられた業務に必要な準備行為（着用を義務付けられた所定の服装への着替え等）や業務終了後の業務に関連した後始末（清掃等）を事業場内において行った時間」、あるいは、「使用者の指示があった場合には即時に業務に従事することを求められており、労働から離れることが保障されていない状態で待機等している時間（いわゆる「手待時間」）」を掲げている。これらは最高裁が、必ずしも「明示又は黙示の指示」が存在していない業務であっても職務性の要素をもとに「労基法上の労働時間」に該当するとした事例であり、判例と厚労省の「労基法上の労働時間」が一致をみていることを示している。

それゆえ、文科省が「労基法上の労働時間」の定義にあたり「明示又は黙示の指示」のみを強調することは、準拠しているはずの厚労省ガイドラインの定義をも歪曲している。

また仮に、文科省が厚労省ガイドラインに関わりなく、校長の指揮命令の有無だけを判断基準とする立場に固執するとしても、近年、自らが展開してきた施策により、その解釈の存立基盤を掘り崩している。学校において、「超勤四項目」以外の業務の多くは、職員会議を通じて各教員に分任されることが慣例となっている。実は、この職員会議の法的位置づけが、文科省自らの施策により、事実上、校長の「指揮命令」の伝達機関となってきたのである。

職員会議は、二〇〇〇年の学校教育法施行規則改正により「校長の職務の円滑な執行に資するため、職員会議を置く」（四八条）として、校長の補助機関と位置づけられ、学校教育法の解説書においても「職員会議は、……学校の管理運営に関する校長の権限と責任を前提として、校長の職務の円滑な執行を補助するものである」とされている。(32) また、二〇一四年の文科事務次官通知「校内人事の決定及び職員会議に係る学校内の規程等の状況について」(二六文科初四二四号)においては、「校内人事の決定に当たり、教職員による挙手や投票等の方法によって、選挙や意向の確認等を行うことは、校長の権限を実質的に制約しかねないため、法令等の趣旨に反し不適切」であるとして、校内人事の決定権はあくまで校長にあることが明示されている。

このように文科省が強調してきた職員会議の法的位置づけと校長権限にみるならば、職員会議を通じて分任された業務は、もはや自主的、自発的な行為ではありえない。職員会議を通じた業務の分任は、校長の「使用者としての関与」はもちろん、むしろ、実質的な「指揮命令」の存在を示すものである。ゆえに、文科省がもっぱら校長の指揮命令の有無に固執する「純粋指揮命令下説」に立つとしても、「超勤四項目」以外の業務を「自発的行為」と処理する解釈は、自ら実施してきた施策により、すでに破綻しているのである。

(3)「在校等時間」「一年単位変形制」は労基法の潜脱

改正給特法をめぐる根源的な問題は、前記のような労働時間規制の潜脱ともいえる「在校等時間」概念が、一年単位変形制の導入においても前提とされている点にある。第4章でみたように、文科省の『上限指針』は、「在校等時間」に関して「教職員が学校等教育活動に関する業務を行っている時間として外形的に把握することができる時間を当該教職員の『在校等時間』とし、服務監督教育委員会が管理すべき対象」(二章一節(一))としている。この「指針」によれば、「超勤四項目」以外の業務は、「学校教育活動に関する業務」であり、服務監督教育委員会の「管理すべき対象」としているが、「労基法上の労働時間」には該当しない「在校等時間」にあたるとされている。

この考え方にもとづくならば、同じ「職務」に従事していたとしても、正規の勤務時間内で行われた業務は「労基法上の労働時間」にあたるが、正規の勤務時間を超えた時点で「自発的行為」を前提とする「在校等時間」として処理されることとなる。それゆえ、一年単位変形制を導入して一日あたりの労働時間の上限を一〇時間としても、教員の時間外勤務が青天井状態であることに変わりはなく、そもそも制度を導入する意味が乏しい。

では、「学校における働き方改革」として、改正給特法により一年単位変形制を導入する意図はどこにあるのか？

これを示すのが、中教審の「働き方改革部会」部会長を務めた小川正人による以下の証言である。小川は、一年単位変形制の導入意図として、「『ただ働き』を少しでも縮減させるために、例えば、法定労働時間〔所定労働時間の誤り―引用者注〕は7時間45分ですが、1日に1時間の時間外勤務を余儀なくされているのであれば、それを『ただ働き』としないためにその1時間を所定労働時間に組み入れて8時間45分とすれば、『ただ働き』になったであろう1時間分が所定労働時間に組み込まれます。1時間分の時間外勤務を蓄積できるわけです(33)」と指摘する。いわば、ここでは同じ業務にあたりながら、正規の勤務時間を超えた時点で「自発的行為」として処理されてきた「超勤四項目」以外の業務の取扱いをそのままに、正規の勤務時間を延長することで、労働時間に組み入れるという構想が示されている。

さらにその背景には、「法制度の見直しの選択肢として、給特法自体を廃止するという選択肢も当然あり得たが、給特法廃止に要する膨大な追加財源の捻出の難しさもあり給特法廃止の政治的合意を形成するには至らなかった(34)」ことを掲げている。それゆえ、「今回の一年単位の変形労働時間制は、教職員定数の大幅改善をなかなか見通せない中で、教員の健康確保のためと、少しでも多く休みを取るための工夫の選択肢の一つとして、次善の策ではありますが、意味があるのではないか(35)」と指摘している。つまり、予算の増加が見込めないなかで、労基法の基本ルールに従って超勤手当を支給したり、教員定数を改善することができないため、正規の勤務時間を延長することで当該業務を労働時間に組み入れて、休日のまとめ取りに還元するという、金のかからない「次善の策」であることが示されている。

しかしながら、「超勤四項目」以外の時間外勤務が「タダ働き」となることが問題なのであれば、その解決への方途は、当該業務が「労基法上の労働時間」にあたることを率直に認めた上で、労働に対する対価を支払い、時間外勤務を抑制することでなければならない。

この「次善の策」は、初発の段階から予算不足を理由に「タダ働き」を解消しようとせず、「休日のまとめ取り」をあてがうことで、むしろ「タダ働き」を行政機関が公認するものであり、到底、長時間労働の是正策と呼べるものではない。民間事業所では、労働者を働かせておきながら、予算不足を理由に超勤手当を払えない、あるいは、当該業務を労働時間ではないと扱うことは許されない。同じ労基法三二条にもとづく労働時間規制が適用される労働者でありながら、公立学校教員の使用者である国、地方公共団体が労基法の労働時間規制を潜脱しようとする施策、それが、改正給特法のもとで導入されようとしている一年単位変形制であるといえるだろう[36]。

４　小括――学校に「労基法上の労働時間」概念のメスを

以上みてきたように、労基法からみた改正給特法の問題は、第４章でみた一年単位変形制に限られるものではない。「学校における働き方改革」の混迷は、「超勤四項目」以外の業務を「自発的行為」と処理し、「労基法上の労働時間」該当性を否定する給特法の解釈と運用の問題に起因する。

改正給特法による一年単位変形制の導入は、この解釈、運用を修正することなく、「次善の策」として、時間外勤務のわずか一部を所定労働時間に組み入れ、休日のまとめ取りをあてがうものであり、むしろ労基法の潜脱を助長する点に問題がある。労働時間の扱いにおいても、一年単位変形制の導入においても、労基法の基本原則から逸脱した仕組みを導入しようとしている点に、文科省主導の「学校における働き方改革」の限界と欠陥が示されている。教育予算が見込めないために、労基法を潜脱するような文科省の給特法解釈と運用を改めなければ、公立学校教員の長時間労働は是正不能であるといわねばならない。

それゆえ、公立学校教員の長時間労働の是正は、「超勤四項目」以外の時間外勤務を「労基法上の労働時間」として認め、相当の対価を支払うところからはじめなければならない。その労働対価の獲得が、教員定数改善のための教育予算の獲得にもつながりうる。そこで必要なことは、まずもって「超勤四項目」以外の業務が、「労基法上の労働時間」に該当することを、学説、最高裁判例にもとづいて客観的に判断し、これを認めることにあるといえるだろう。この給特法をめぐる本源的な争点が、学説においても、判例においても正面から論じられてこなかった背景には、行政解釈と学説との対立、さらには、給特法成立以来、定説を持たぬ学説状況が要因の一つにあったといえるだろう。

その意味で注目されるのが、さいたま地裁で争われてきた埼玉教員超勤訴訟（平成三〇年（行ウ）第三三号未払賃金請求事件）をめぐる動向である。同訴訟は当初、従来の判例にみられた労基法三七条にもとづく賃金未払請求を主軸としていたが、その後、請求の拡張により、労基法三二条違反にもとづく損害賠償請求を行っている。この訴訟は、「労基法上の労働時間」概念をもとに、教員の時間外労働の労基法三二条違反を正面から争う初めてのケースである。そして、この裁判は、原告の時間外労働への対価を求める訴訟にとどまらず、給特法下において教員の労働時間該当性を否定してきた文科省解釈を是正する訴訟であるともいえよう。

そこで第Ⅲ部では、この埼玉教員超勤訴訟が従来の給特法をめぐる裁判例からみて、いかなる固有性を示す訴訟なのか、そして、二〇二一年一〇月一日に下された同訴訟第一審判決の到達点と課題がどこにあるのかを検討したい。さらには、この判決において認定された労働時間概念をもとに、教員に固有な労働時間の性質と、この固有な働き方を保障するための制度モデルを、米国の団体交渉方式による勤務時間管理を素材として検討したい。

【注】

（1）内田良・斉藤ひでみ『教師のブラック残業――「定額働かせ放題」を強いる給特法とは?!――』学陽書房、二〇一八年、四八頁（内田執筆）。

（2）山口亨「教員による時間外勤務等手当の請求」『月刊高校教育』三八巻五号、二〇〇五年、九三頁。

（3）名古屋地判平一一・一〇・二九判タ一〇五五号一四二頁。

（4）道幸哲也「給特法上の労働時間規制――労基法モデルとの関連――」『季刊教育法』二〇五号、二〇二〇年、六三頁。同様に、金子征史も「教職調整額制度の下では、いくら残業時間が増えても『残業手当』は給与の4パーセントしか支払われない」と固定残業制として給特法を把握している（金子征史「教師の長時間労働と働き方改革――1年変形労働時間制の導入を契機に――」『季刊教育法』二〇五号、二〇二〇年、一一九頁）。

（5）志賀中学事件地裁判決（名古屋地判平五・一二・一二労判六二六号七四頁）。松原信継も給特法の見直し案として、教職調整額をそのままに、これを超過した労働への超勤手当支給を提起するが、これも「固定残業制説」に立った見解であるといえるだろう（松原信継「教員の勤務条件」日本教育法学会編『教育法の現代的争点』法律文化社、二〇一四年、二一一頁）。

（6）中村圭介・岡田真理子『教育行政と労使関係』エイデル研究所、二〇〇一年、一五〇頁。また、日教組内部の意思決定過程については、荒井英治郎・丸山和昭・田中真秀「日教組と給特法の成立過程」『教職研究』一〇号、二〇一九年、一〇八―一〇九頁。

（7）一九七一年四月二三日第六五回国会衆議院文教委員会議録一四号四頁。

（8）廃案となった教育公務員特例法一部改正法案の趣旨と、廃案までの政策過程については、伊藤愛莉「１９６８年教育公務員特例法の一部を改正する法律案の立案過程」『教育制度学研究』二六号、二〇一九年、五四頁に詳しい。

(9) 萬井隆令「公立学校教師の超勤問題について—京都市教組超過勤務是正裁判についての意見書—」『労働法律旬報』一六一〇号、二〇〇五年、四五頁。

(10) 同旨、斎藤周「給特法と教員の超過勤務手当請求権—立川市立中学校超過勤務手当請求事件—」『季刊教育法』一四七号、二〇〇五年、九四—九五頁、早津裕貴「公立学校教員の労働時間規制に関する検討」『季刊労働法』二六六号、二〇一九年、六六—六七頁、青野覚「調査実態の法的評価と給特法の解釈論的検討」連合総研『とりもどせ！　教職員の「生活時間」—日本における教職員の働き方・労働時間の実態に関する研究委員会報告書—』連合総合生活開発研究所、二〇一六年、一八三頁。

(11) 青木宗也「教職特別措置法—労働法学の立場から—」『日本教育法学会年報』二号、一九七三年、七七頁。

(12) 札幌地判平一六・七・二九裁判所ウェブサイト。

(13) 菅野和夫『労働法（第十二版）』弘文堂、二〇一九年、五〇三頁。

(14) 髙橋哲「教職員の『多忙化』をめぐる法的問題—給特法の構造、解釈、運用の問題—」『法学セミナー』七七三号、二〇一九年、二三頁。

(15) 中央教育審議会・教職員給与の在り方に関するワーキンググループ第8回資料5（二〇〇六年一一月一〇日）。

(16) これは、事実上、かねてより学説が労基法上の時間規制自体を無効にするものとして批判してきた「約定基準説」に類似した労働時間の考え方であるといえる（東京大学労働法研究会『注釈労働時間法』有斐閣、一九九〇年、九七頁）。

(17) 名古屋地判昭六三・一・二九労判五一二号四〇頁。

(18) 最三小判平二三・七・一二民集二三七号一七九頁。

(19) 萬井は、例外的に労基法三七条にもとづく超勤手当支給の余地を認める判決を「推定調整説」と特徴づけ、その定義として「教師の労働に対する評価は教職調整額の支給によって『調整』されたものと一応は推定」されるとしている（萬井隆令「公立学校教師と時間外労働—給与特別措置法の解釈・運用上の問題点—」

『龍谷法学』三八巻一号、二〇〇五年、七三―七四頁）。しかし、これらの判決で推定されているのは、労働対価の調整ではなく、当該業務が「自発的行為であった」という推定であるとみる方が適切であるように思われる。

(20) 中内哲「労働時間の意義・算定」土田道夫・山川隆一編『労働法の争点』有斐閣、二〇一四年、一〇二―一〇三頁、梶川敦子「労働時間の概念―三菱重工長崎造船所事件―」村中孝史・荒木尚志編『労働判例百選〔第8版〕』有斐閣、二〇〇九年、八三頁。

(21) 最一小判平一二・三・九民集五四巻三号八〇一頁。

(22) 長谷川珠子「労働時間の法理論」日本労働法学会編『講座労働法の再生 第3巻―労働条件論の課題―』日本評論社、二〇一七年、一三八―一三九頁。

(23) 菅野・前掲書、二〇一九年、四九六頁。

(24) 荒木尚志『労働法〔第4版〕』有斐閣、二〇二〇年、二〇三頁。

(25) 一般に「判例は現在、二要件説を実質的に摂取した指揮命令下説に立つといえる」と評価されている（西谷敏・野田進・和田肇・奥田香子編『新基本法コンメンタール 労働基準法・労働契約法〔第2版〕』日本評論社、二〇二〇年、一一九頁〔鎌田耕一執筆〕）。また、「指揮命令下説」に立つ論者においても、「学説上は、指揮命令の要件のほか、業務性の要件をどのように位置付けるかについて議論があるが、判例のいう『指揮命令下』を緩やかに解釈するならば、結論はさほど異ならない」と指摘されている（西谷敏『労働法〔第3版〕』日本評論社、二〇二〇年、三三二頁）。

(26) 最一小判平一四・二・二八民集五六巻二号三六一頁。

(27) 二〇一九年一一月二六日第二〇〇回国会参議院文教科学委員会会議録四号八頁。

(28) 二〇一九年一一月一五日第二〇〇回国会衆議院文部科学委員会議録七号二一頁。

(29) 荒木尚志「労働時間」『日本労働研究雑誌』五九七号、二〇一〇年、三八頁。

(30) 荒木尚志『労働時間の法的構造』有斐閣、一九九一年、二四七―二四八頁。

(31)「労働時間の適正な把握のために使用者が講ずべき措置に関するガイドライン」(https://www.mhlw.go.jp/file/06-Seisakujouhou-11200000-Roudoukijunkyoku/0000149439.pdf　二〇二一年一二月一日最終閲覧)。
(32) 鈴木勲編著『逐条学校教育法〔第8次改訂版〕』学陽書房、二〇一六年、三八四頁。
(33) 小川正人「変形労働時間制—教員の健康確保のために休暇取得の工夫の選択肢の一つとして制度の活用を—」『総合教育技術』七四巻一三号、二〇二〇年、四三頁。
(34) 小川正人「改正・給特法と学校の働き方改革」『学校教育・実践ライブラリ』一二号、二〇二〇年、二九頁。
(35) 小川・前掲注(33)、二〇二〇年、四五頁。
(36) 予算の増加が見込めないことを理由として、行政機関による法の潜脱を幇助する「専門家」の責任も問われてしかるべきであろう。

第Ⅲ部

給特法問題の出口を求めて

——司法による是正と新たな制度モデルへの展望

第6章　司法による教育政策是正の可能性
——給特法をめぐる従来型裁判の類型と争点

1　はじめに——「敗訴」の歴史のなかで「新たな訴訟」をさぐる

第Ⅰ部、第Ⅱ部にみてきたように、教員は労働基本権を大幅に制約され、さらには給特法により時間外労働への集団的同意も反映されない仕組みが形成されてきた。労働者であれば、あたりまえに持っているはずの手段を奪われてきたのである。いわば、給与や労働時間を含め、当事者である教員が自らの労働条件の決定過程から徹底して排除されてきた点に、日本の教員法制の最大の特徴がみられる。

このようななか、自らの労働条件に不服のある教員は、どのように学校における働き方をめぐる問題を提起できるのだろうか？　その選択肢の一つが、裁判を通じた意思表明という手法である。二〇一九年の改正給特法に象徴されるように、立法府、行政府の「体たらく」により極めて不十分な「働き方改革」施策しか実施されないなか、これを司法府(裁判所)の介入によって是正するという選択肢である。この選択肢を具体化するものとして注目されているのが、二〇一八年以降、さいたま地裁において争われてきた埼玉教員超勤訴訟、通称、「田中まさお裁判」である（以下、本訴訟）。

本訴訟は、すでに二〇二一年一〇月一日にさいたま地裁において第一審判決が下されているが[1]、その分析は第7章にゆずることとし、本章では控訴審も見据えた上で、この裁判において労基法三二条違反を争点とすることがなぜ重要なのか、また、この争点設定が従来の裁判例といかに相違するのかを明らかにしたい。

第5章でみたように、従来、教員の時間外勤務に関して、給特法のもとでも「超勤四項目」以外の業務については、労基法の本則に立ち返って労基法三七条にもとづく超勤手当を支給すべきという「特則・本則区分説」が有力に唱えられてきた。この学説を反映して、給特法制定以降の教員超勤訴訟では労基法三七条にもとづく超勤手当請求権が焦点化されてきた一方で、「超勤四項目」以外の業務の「労基法上の労働時間」該当性に着目して、労基法三二条の上限規制違反を主要争点とする訴訟は存在してこなかった。

実際、給特法制定以前は、公立学校教員の時間外勤務をめぐり、労基法三七条にもとづき超勤手当請求権を認める判決が多数存在した。最高裁判決でも、正規の勤務時間外に行われた職員会議や[2]、修学旅行・遠足の引率等における時間外労働を認め[3]、いずれも超勤手当の支給が命じられている。一方、給特法制定以降の教員超勤訴訟では、一部の例外を除いて原告の請求はほぼ棄却されてきた。また下級審で請求が一部認められた訴訟も、最高裁にて請求がいずれも棄却されるという状況にある[4]。それゆえ、公立学校教員の無定量な労働時間が社会問題化される状況にあっても、この給特法制定以降の判例状況により、訴訟運動の広がりは低調であり、田中まさお裁判の帰結に対しても、多くの期待が集まる一方で、悲観論も根強く存在してきたといえる。

しかしここでは、本訴訟が給特法後の従来型裁判とは異なる争点を設定し、新たな帰結をもたらしうることを強調したい。超勤手当支給の有無を争点としていたこれまでの裁判に対し、田中まさお裁判では、労基法三二条に定められた労働時間の上限規制違反を主張し、そのために、実際に行われた時間外労働が上限規制の対象となる「労基法上の労働時間」に該当するのか、という法律判断を裁判所に求めている。これは、過去の判決の先例性を回避する上でも、また、「超勤四項目」以外の業務を「自発的行為」と処理してきた文科省解釈を是正する上でも、有効な争点設定であると思われる。

いままさにあたらしい論点で注目を集めている田中まさお裁判にこうした意義がある一方、その可能性を理解するには、本書がこれまで言及してきた給特法や教員の労働時間をめぐる法解釈の理解が不可欠である。それに加え、従来の教員超勤訴訟の争点や、裁判所の法律判断の過程に着目し、それらと田中まさお裁判の違いを把握することも求められる。これは、一つの裁判の意義を理解するにとどまらず、本書全体の課題でもある教員の働き方を改善する筋道を検討する上でも、極めて重要なポイントだといえる。

したがって以下では、まず、労基法三二条違反を問うにあたり、教員の時間外勤務が「労基法上の労働時間」にあたるかどうかという法律判断が、過去の裁判においても正面から論じられてこなかったことを、関連する判例の類型をもとに示す。その上で、本訴訟で原告、被告双方から提出された証拠をもとに、民間労働裁判の判例、学説の示す判断基準からみて、原告の行った「超勤四項目」以外の業務が明らかに「労基法上の労働時間」に該当することを確認する。これにより、教員が無定量な時間外勤務を余儀なくされている現状に対して、労基法三二条違反を問うことの有効性を示したい(5)。

2　従来の教員超勤訴訟の類型

冒頭にみたように、給特法制定以降も公立学校教員の超過勤務をめぐる訴訟が多数存在する。それらは、裁判所の主要な法律判断にみるならば、大きく以下の二つの類型に分けることができる(6)。すなわち、①給特法に違反する時間外勤務命令(職務命令)の有無を争う訴訟と、②労基法三七条に基づく超勤手当請求権の存否を争う訴訟である(7)。結論からいうならば、これらの裁判例では、教員の時間外労働が「労基法上の労働時間」に該当するかについての実質的な法律判断はなされていないことが確認できる。

(1)　給特法に違反する時間外勤務命令(職務命令)を争うタイプ

第一の類型は、給特法、給特条例に違反する時間外勤務命令(職務命令)の有無を争う訴訟である。このリーディングケースといえるのが、給特法制定後、教員の時間外勤務をめぐり、最高裁が初めて実質的な法律判断を示した京都市公立学校事件最高裁判決である。(8) この最高裁判決をもとに第一の類型について説明したい。

この裁判では、京都市立小学校、中学校の教員であった原告らが京都市を被告として、合計八ヶ月間の超過勤務の違法性が争われた。最高裁では、①給特法違反に該当する時間外勤務命令があったか、②長時間労働を行わせた校長の安全配慮義務違反があったかが争点とされ、校長の違法行為に対する国家賠償請求がなされた。判決では、違法な時間外勤務命令の有無に関して、「勤務校の各校長が被上告人らに対して明示的に時間外勤務を命じてはいないことは明らかであるし、また、黙示的に時間外勤務を命じたと認めることもできず、他にこれを認めるに足りる事情もうかがわれない」と、校長による命令の存在を否定した。また、校長の安全配慮義務違反に関しても、その業務にあたり教職員らは「自主的に上記事務等に従事していた」とし、「勤務校の各校長が被上告人らについてそのようなストレスによる健康状態の変化を認識し又は予見することは困難な状況にあった」として、これを否認している。このように、最高裁は給特法違反にあたる明示、黙示の時間外勤務命令は存在せず、また校長の行為は違法性を有しないとして、国家賠償請求を棄却した。

この最高裁判決に対しては、教員らの時間外勤務の存在を判断するにあたり職務命令の有無を判断基準としたことが、第5章にみた三菱重工長崎造船所事件や大星ビル管理事件などの最高裁判決にみられる判断基準から乖離するものとして批判されている。(9) また、川田琢之は、「行政処分に該当する職務命令の存在を違法性を認める不可欠の前提と捉える（あるいは、違法性が肯定される校長の行為の範囲をこのような観点から限定する）必要はないというべきである」と指摘し、「職務命令の存否」を給特法、給特条例違反の判断基準としたことに疑問を呈している。(10)

　しかしながら、ここで注意されなければならないのは、京都市公立学校事件訴訟の一審、控訴審においては、いずれも「給特法違反の職務命令の存否」が争点とされており、最高裁もこの観点から、違法な時間外勤務命令（職務命令）の存在を否定するにとどまるという点である。この最高裁判決では、原審によって示された「教育職員の時間外勤務は、それが自主的、自発的、創造的に行われるものではなく、校長等から勤務時間外に強制的に特定の業務をすることを命じられたと評価できるような場合には、違法となるものと解される」（傍点―引用者）という判断基準が是認されている。それゆえ、同最高裁判決は、「勤務校の各校長は、本件期間中、教育職員に原則として時間外勤務をさせないものとしている給特法及び給与条例に違反して被上告人らに時間外勤務をさせたということはできない」（傍点―引用者）と判示したのである。

　つまりこの最高裁判決は、給特法、給特条例に違反する職務命令があったかどうかを争点としたもので、その業務が「労基法上の労働時間」に該当するかについては、そもそも法律判断の対象としていない。いわばこの判決は、原告の国家賠償請求に対して「職員の勤務が違法な時間外労働に当たるかの検討ではなく、違法な行為――職務命令の有無――に着目」した上で、その存在を否定したものとみることができる。(11)

　そもそも、京都市公立学校事件においては、一審、控訴審では労基法三七条にもとづく超勤手当が請求されていたものの、労基法三二条違反については争われておらず、また、最高裁では給特法、給特条例違反のみが争点とされており、労基法そのものが争われていない。一般に、裁判所が訴訟当事者の求めていない争点への法律判断を行うことは考えられず、また、最高裁が同じ労基法三二条が適用される被用者に対して、「労基法上の労働時間」の定義にあたりダブルスタンダードを設けることも考え難い。

それゆえこの最高裁判決は、あくまで給特法違反にあたる職務命令の有無に関する法律判断を行うものであり、「超勤四項目」以外の業務が「労基法上の労働時間」に該当するかについての判断は示していない、とみることができる。

なお、同様の訴訟類型にあてはまる下級審判決として、給特条例に違反する時間外勤務命令を争った大府市立中学事件の地裁判決、高裁判決がある[12]。その控訴審判決では、給特条例に違反する時間外勤務命令の有無を判断するにあたり、「強制的に特定の業務をすることが命じられたというべき状況」があったかという基準が採用されており、これが京都市公立学校事件の各判決にも採用されたとみられる。いずれの判決においても給特条例に違反する時間外勤務命令の存在が否定されているが、そこでは時間外に行われた業務が「労基法上の労働時間」に該当するか、あるいは、労基法三二条違反にあたるかという法律判断はなされていない。

したがって、「労基法上の労働時間」該当性に関する法律判断を示した判決は、第一の訴訟類型には存在しないことが確認できる。

（2）労基法三七条にもとづく超勤手当請求権を争うタイプ

第二の類型は、労基法三七条違反を主張し超過勤務手当請求権を争う類型である。[13] この類型については、給特法制定後、初めての教員超勤訴訟であり、文字通りリーディングケースにあたる愛知県立松蔭高校事件判決をあげることができる。[14] この判決で示された判断基準は、後に多くの教員超勤訴訟においても採用されることになる。

松蔭高校事件判決は、県立高校教員である原告が正規の勤務時間外に行われた将棋クラブの大会引率業務に関して、労基法三七条、及び、給与条例に基づく超勤手当を請求した事例である。「超勤四項目」以外の業務である引率業務に超勤手当請求が認められるかにつき、判決は以下のような判断基準を示した。

すなわち、「そのような時間外勤務等が命ぜられるに至った経緯、従事した職務の内容、勤務の実状等に照らして、それが当該教職員の自由意思を極めて強く拘束するような形態でなされ、しかもそのような勤務が常態化しているなど、かかる時間外勤務等の実状を放置することが同条例七条が時間外勤務等を命じ得る場合を限定列挙して制限を加えた趣旨にもとるような事情の認められる場合には、給特条例三条によっても時間外勤務手当等に関する給与条例の規定の適用は排除されない」（傍点―引用者）とする。

この判決では、給特法が自発的に行われた「超勤四項目」以外の業務を許容するという見解に立ち、その上で教員に労基法三七条が適用される条件として、「自由意思の拘束性」ならびに、「勤務の常態化」を要するとした(以下、「自由意思拘束・勤務常態化」の基準)。判決はこの判断基準をもとに「原告のなした本件引率指導は、同条例三条の規定の適用が例外的に排除され、時間外勤務手当等の請求が認められる場合に当たらない」(傍点—引用者)と判示している。

このように松蔭高校事件判決では、超勤手当請求権の判断にあたり、極めて厳格な「自由意思拘束・勤務常態化」の基準が採用された。それゆえ同判決に対して、萬井隆令は「『自由意思を極めて強く拘束』する程度の指示に従った業務遂行でなければ、なぜ手当を出す必要はないのか、詳しい説明はない。教師聖職論への親近性が窺われるが、結局、論拠も示さず当該基準を出している」と手厳しい批判的見解を示している(15)。

しかしながらここで注目されるべきは、この判決はあくまで「時間外勤務手当等の請求が認められる場合」にあたるかどうかの法律判断を行うものであるという点である。ここで争われたのは、給特法(とこれにもとづく給与条例)が労基法三七条にもとづく超勤手当支給を適用除外し、教員には教職調整額が支給された上で、それでもなお、存在する時間外勤務に対して「例外的」に超勤手当が支給される場合の判断基準を示したのである。それゆえ、この判断基準は、教員の時間外勤務が「労基法上の労働時間」に該当するかを判断するものではないとみることができる(16)。

一見、同じことを論じているように思われるかもしれない。だが、この点は極めて重要である。なぜならば、労働者が従事した時間外労働に対して、それが「労働時間にあたるのか」という判断と、「その労働時間に対して賃金を請求できるか」という判断は区別して論ずるべきことが従来から指摘されてきたからである(17)。

荒木尚志は、「労基法上の労働時間」と賃金請求権の対象となる「賃金時間」は異なることを主張し、「労基法上の労働時間概念と賃金請求権の存否(賃金時間)とを区別して議論すべき(18)」と指摘する。この区別は最高裁においても採用されており、第5章でみたように、仮眠時間の労働時間該当性を争った大星ビル管理事件最高裁判決では、当該仮眠時間を「労基法上の労働時間」に該当するとした上で、「労基法上の労働時間であるからといって、当然に労働契約所定の賃金請求権が発生するものではなく、当該労働契約において仮眠時間に対していかなる賃金を支払うものと合意されているかによって定まるものである」とし、「労基法上の労働時間」の判断と、「賃金請求権の存否」に関する判断を分けて論じている。それゆえ、この最高裁判決では、労働契約上、当該仮眠時間に「泊り勤務手当」が支給されていることを考慮した上で、それとは別に労基法三七条にもとづく超勤手当支払義務の存否が検討されている。このように、最高裁の判断基準においても、「労基法上の労働時間」と「賃金請求権の存否」に関する審査は区別されている(19)。

それゆえ、松蔭高校事件判決にみられる「自由意思拘束・勤務常態化」の基準は、あくまで給特法下での超勤手当支払い義務が発生する「例外的場合」の判断基準を示すものであり、同判決は、労基法三七条にもとづく「賃金請求権の存否」に関する法律判断を行ったものとみることができる。

同様の判断基準を採用した立川第七中学校事件地裁判決ではこの点が強調されており、「超過勤務が教育職員の自由意思を極めて強く拘束するような形態でなされ、しかもそのような勤務状態が常態化している等の状況が認められる場合には、例外的に給与条例17条ないしは労働基準法37条の適用が排除されず、超過勤務をした教育職員は、労働基準法37条ないしは給与条例17条に基づき、被告東京都に対し、超過勤務手当等を請求することができる」（傍点—引用者）としている[20]。このように、「自由意思拘束・勤務常態化」の基準は、あくまで労基法三七条が適用される「例外的場合」にあたるか否かの判断基準であるとみられる[21]。

同じく志賀中学事件地裁判決[22]にもこの判断枠組みが採用されており、同事件最高裁判決[23]もまた「正規の勤務時間を超えて勤務した場合においてもこれに対して手当を支給しないものとすることを（給特法が—引用者）定めているというべきであり、このことに一切例外が認められないかどうかはともかく」（傍点—引用者）として、「例外的場合」がありうることを前提に、当該業務の超勤手当請求権を否認している。

これら第二の訴訟類型にみられるように、給特法制定後の教員超勤訴訟判決で採用された「自由意思拘束・勤務常態化」の基準は、あくまで労基法三七条にもとづく超勤手当が支給される「例外的場合」をめぐる判断基準であり、それは決してこの時間外業務が「労基法上の労働時間」に該当するかを判断する基準ではない。

以上、本節でみてきたように、給特法制定後に提訴された従来の教員超勤訴訟では、第一類型、第二類型にあたるいずれの判決においても、「超勤四項目」以外の業務に関する「労基法上の労働時間」該当性については判断されていない。

では、こうした従来の裁判に対して、田中まさお裁判はどのような違いを示しているのか。以下に詳しくみていくように、これまでの裁判が、労基法三七条にもとづく超勤手当が支給される「例外的場合」にあたるか否かを争ってきたのに対して、本訴訟では労働時間の上限を定める労基法三二条への違反が争われている。そして労基法三二条違反を主張するためには、原告の従事した「超勤四項目」以外の業務が、「自発的行為」ではなく「労基法上の労働時間」に該当することを立証しなければならない。

次節では、このような争点の設定が、現在の学校における教員の働き方（働かせ方）の実状に有効に機能しうることを、本訴訟の原告、被告の双方から提出された証拠（準備書面）をもとに読み解いていく(24)。

3　埼玉教員超勤訴訟にみる「労基法上の労働時間」該当性

本訴訟の原告である埼玉県内の公立小学校教員の田中まさお氏（仮名）は、学校での時間外労働が労基法三七条に違反するとして、埼玉県を被告として、未払賃金（二四二万二七二五円）ならびに労基法一一四条にもとづき同額の付加金を請求し、二〇一八年九月二五日に提訴した。その後、請求の拡張により、労基法三二条に違反する時間外労働に対して、国家賠償法（以下、国賠法）一条一項に基づき、未払賃金相当額の損害賠償を請求している。この訴訟で重要なのは、いうまでもなく後者、すなわち、労基法三二条違反をめぐる法律判断、ならびに、原告の行った「超勤四項目」以外の業務が「労基法上の労働時間」に該当するのかという争点である。

第5章で詳述したように、当該業務が「労基法上の労働時間」に該当するかは、学説、判例が一致するように、約定等の記載内容に関わらず「客観的」に判断されなければならない[25]。すでに論じたように、労働者の行った業務が労働時間に該当するか否かは、使用者の関与があったか（関与要件）、そして、その時間が職務に該当するか（職務性要件）、という二つの要素から判断されるという、「相補的二要件説」が有力説とされている[26]。すなわち、相補的二要件説において、「労基法上の労働時間」に該当するかは「使用者の指揮命令に代表される使用者の関与要件（労基法32条の労働「させ」たといえるか）と、活動内容（職務性）要件（当該時間が「労働」といえるか）という二要件から構成されており、いずれか一方が完全にかけた場合は労働時間性が否定される」（傍点―引用者）とされている[27]。

本節では、この相補的二要件説に示された「関与要件」と「職務性要件」をもとに、本訴訟の原告が行った「超勤四項目」以外の業務が、「労基法上の労働時間」に該当し、上限労働時間を定めた労基法三二条違反となることを確認する。被告の埼玉県側は、過去の裁判例と同様に、原告の行った時間外勤務が、「自由意思を極めて強く拘束するような形態」、あるいは、「強制的に特定の業務をすることを命じられたと評価」できる場合に該当しないとして、その労働時間性を否認している。しかし以下でみるように、原告が行った「超勤四項目」以外の業務は、原告、被告の双方が示す証拠からも明らかに「労基法上の労働時間」に該当する。そのことこそが、労基法三二条違反を問う本件訴訟の有効性を示している。

（1）それは「労働時間」なのか①——使用者（校長）の「関与」

「労基法上の労働時間」を構成する要素のうち、まず「関与要件」についてみてみよう。

原告側の証拠によると、原告の行った時間外業務の多くは、職員会議によって割り振られていた。この、職員会議で割り振られた業務であることを理由に、原告はこの業務が校長の指揮命令下で行われていたと主張する。

過去の裁判例では、職員会議が教職員の意思決定機関であったことを前提に、そこで割り振られた業務は「自らの意思に基づいて決定した」とみなすものがあった[28]。しかし、第５章でも論じたように、二〇〇〇年の学校教育法施行規則の改正以降、職員会議は「校長が主宰する」（四八条二項）とされ、補助機関としての法的性質が定められた。ゆえに、原告は「職員会議による業務の割り振り（校務分掌）は、実質的には、校長による業務命令の性質を有している」（「原告準備書面４」六頁）と主張する。

これに対し被告の埼玉県側は、職員会議の法的性質の変化について否認し、そもそも職員会議は教職員の意思決定機関ではなかったとしている（「被告準備書面（４）」七頁）。他方で、「校務運営の意思決定は職員会議等において、校長が所属教員からの意見を聴き、最終的に校長が自らの権限と責任において行うものである」（「同（５）」一二頁）とし、また教員に割り振られた業務についても「職員会議は意思決定権限を有しておらず、校長が自らの権限と責任で決定した業務である」（「同（５）」八頁）、あるいは、「学校運営について必要な事項は校長が自らの責任において決定するもの」(「同(6)」四頁)と反論している。

ここにみられるように、原告側は校長が職員会議を「主宰」することから、そこで割り振られた業務への校長の関与を立証しようとする。これに対し、被告は、教員への業務の割り振りは、職員会議を通すまでもなく、校長の権限と責任で「決定」された業務であると主張する。一見、両者の主張は相違しているようにみえる。

しかしながら、本件訴訟の争点として重要なことは、二〇〇〇年の学校教育法施行規則改正によって職員会議の法的性質が変化したかどうか、あるいは、過去に職員会議が教職員の意思決定機関として位置づけられていたかではなく、教員が行う業務に対して、校長が実質的な「関与」をしていたのか否かという問題である。両者の主張からは、校長が教員の業務に関する実質的な「決定」を行っていたという点については一致をみているといえる。むしろ被告は、職員会議を通さずとも校長が当該業務を「決定」すると主張しており、校長が業務の決定に直接に関与してきたことを積極的に認めている。

それゆえ被告は、原告が担う業務の個別事例をめぐり、例えば校長が決定した「歯磨き指導」に関して「校長が決定したことについて、担任教員が拒否できないとする点は認め〔る〕」(「被告準備書面(4)」一八頁)としており、また、「朝自習の実施について、本件校長が教員に命じたことは事実である」(「同(7)」六頁)などとして、校長による業務の「決定」が事実上の「指揮命令」に該当することを認めている。さらに、「校長は教員が正規の勤務時間外に勤務していることを認識している」(「同(2)」八頁、一一頁)など、原告の時間外勤務に校長の関与のあったことが示されている。

これら原告、被告双方の主張する事実からみて、原告による時間外の業務は、実質的に校長の指揮命令のもとに行われていたことが認められる。少なくとも、相補的二要件説の判断基準にみるならば、当該業務における校長の「関与要件」は相当程度に充足されており、被告においてもこれを全面的に否認するに足りる論証は一切行われていない。

(2) それは「労働時間」なのか② ――従事した時間の「職務性」

では、相補的二要件説からみた第二の要件、すなわち、労働者の従事した時間が「職務」に該当とするか、という要件はどうだろうか。実は、この「職務性要件」について、被告は、これらの業務の職務性をほぼ全面的に認めている。すなわち、原告が行った掲示物の管理、掲示物へのペン入れ、掲示物の作成、学年だよりの作成をいずれも「教員の本来的業務である」(「被告準備書面(5)」)と認めている。さらに、教室内の整理整頓、掲示物の管理、ドリル等の内容を確認すること、ドリルの丸付け、週案簿の作成、授業に利用する花壇の管理、児童の健康状態の把握、ノートの使い方の指導、授業の充実をいずれも「教員の本来的業務」、「教員としての本来的業務」、あるいは「教員として必要不可欠な業務」(「同(7)」)であると認めている。

これらが示しているのは、原告は学校運営に関係のない仕事を「勝手に」していたのではなく、むしろ学校運営に必要かつ不可欠な業務に従事しており、むしろ逆に自己判断で行わないことが許される業務ではなかったという点である。これらはいずれも、学校における「職務」

そのものであり、「職務性要件」については、十全にこれが充足されることを被告も認めているとみることができる。

以上のように、本訴訟において示された原告、被告双方の証拠から、「労基法上の労働時間」の判断基準となる「関与要件」と「職務性要件」をみるに、まず、突出しているのは、「職務性要件」が全面的に充足されているという点である。被告自身が、これら原告の従事した業務を「教員としての本来的業務」や「教員として不可欠な業務」と位置付けるように、原告が行っていたのは、紛れもない「職務」であったことが認められる。

他方、「関与要件」についても、これらの業務の「決定」を行ったのは、校長であることが被告からも示されており、職員会議を介在させない、より直接的な「関与」が認められている。また、校長がこれら勤務時間外の業務を認識していたことから、当該時間外労働への校長の「関与要件」は相当程度に充足されている。被告は、校長の時間外勤務命令の存在を否定し、前記業務の労働時間該当性を否定しているようにもみえるが、原告、被告双方の主張に示された「関与要件」と「職務性要件」に関する事実からは、原告が行った「超勤四項目」以外の業務は、明らかに「労基法上の労働時間」に該当する。少なくとも被告は、当該業務に関する「関与要件」と「職務性要件」のいずれかを、全面的に否定するに足る論証は行っていないといえるだろう。

それゆえ、本訴訟の原告が正規の勤務時間外に行った「超勤四項目」以外の業務は、「労基法上の労働時間」に該当する。そして、上限労働時間を超えて原告を働かせたことにより、労基法三二条違反が成立するものと考えられる。

(3) 賃金請求権は認められるか？

では、ひとたび労働時間として認められた時間に対して、それは同時に労基法三七条にもとづく超勤手当の支給が即時認められるのか？　先にみたように、労働時間に該当するかという判断と、その労働時間に賃金が支払われるべきかという判断は区別して論じるべきことが判例上も指摘されている。いわば、その業務が「労基法上の労働時間」に該当するかという判断が前半戦であるならば、その労働時間に賃金請求権が認められるかという判断は、後半戦に位置付くといえる。

先にみた大星ビル管理事件最高裁判決は、この後半戦の賃金請求権の有無の判断にあたり、「労働契約は労働者の労務提供と使用者の賃金支払に基礎を置く有償双務契約であり、労働と賃金の対価関係は労働契約の本質的部分を構成しているというべきであるから、労働契約の合理的解釈としては、労基法上の労働時間に該当すれば、通常は労働契約上の賃金支払の対象となる時間としているものと解するのが相当である」とし、「労基法上の労働時間」は「賃金支払の対象となる時間」として推定されるとしている。

また学説上も「使用者が労基法上の労働時間ではないと考えていた時間が裁判所によって『労基法上の労働時間』に該当するとされた場合、当該時間について賃金支払対象としていなかったという事情は、無給とする合意があったと解釈すべきではなく、むしろ、『労基法上の労働時間』に該当することを前提とする賃金支払に関しては当事者間の合意が欠けていたものとして、合理的契約解釈を補充すべきである[29]」として、合理的な範囲で賃金が支払われるべきものとされている。

この賃金請求権をめぐる争点について本訴訟にみるならば、原告は「労基法上の労働時間」に該当する業務に従事していたにもかかわらず、「超勤四項目」以外の業務に関して、使用者により一方的に賃金支払いの対象としないという措置がとられていたにすぎない。このため、第5章にみた「特則・本則区分説」に立って、労基法一三条に定められた同法の直律効（第3章参照）により、労基法三七条所定の超勤手当が支給されるべき、と考えることができる[30]。

他方で、給特法五条が労基法三七条の超勤手当支給義務を明確に適用除外していることをどう考えるか？　給特法の対象としていない「労基法上の労働時間」の存在が確認された場合に、この時間に対する明確な賃金支払規定が存在しないことをもって、当該時間に対する賃金支払義務を否定することが合理的とは考え難い。原告は、（1）学校の本来的業務に従事し、（2）この時間を無給にするという合意が存在せず、（3）当該労働時間が長時間かつ恒常的に発生していることから、これらの労働時間に対価を支給しないことは、明らかに合理性に欠ける。

それゆえ、ひとたび「超勤四項目」以外の業務が「労基法上の労働時間」と認められたならば、それは「免罰効規定説」（第5章参照）に立ち、給特法が超勤手当なしで許容する時間外労働には該当しないものとして、労基法三七条にもとづき超勤手当が支給されるべきである[31]。

これが、「労基法上の労働時間」が認められた場合の正論ともいえる解釈である。ただしそれでもなお、過去の裁判例にみるならば、給特法によって適用除外される労基法三七条をもとに超勤手当を支給することに対しては、裁判所による根強い抵抗があるように思われる。

　それゆえに、本訴訟のもう一つの争点である労基法三二条違反に伴う国家賠償請求が重要となってくる。「労基法上の労働時間」として認められる「超勤四項目」以外の業務は、いわば、労働時間の上限を定める労基法三二条に違反して「タダ働き」を強いられてきた時間にあたる。このような使用者側(校長)の違法な行為によって生じた時間である以上、仮に労基法三七条にもとづく超勤手当支給義務が適用除外されるとしても、この労働時間に対しては超勤手当相当額の損害賠償金が支給されてしかるべきであるといえるだろう。

　以上みたように、本訴訟は前半戦において「超勤四項目」以外の業務が「労基法上の労働時間」に該当するかという法律判断を求め、後半戦において労働時間に認められた業務に対する賃金請求権の有無を問うている。なかでも、従来の裁判例で困難を示してきた後半戦の賃金請求権に関して、本訴訟は労基法三七条に基づく超勤手当請求権に追加して、労基法三二条の上限に違反して発生した労働時間に対する損害賠償を求めるという、二段階の請求を行っている。これが、従来の訴訟からみた本訴訟の固有性であり、「新たな訴訟」としての可能性を示しているといえるだろう。

4　小括——教員の働き方改革における裁判所の役割

以上みてきたように、従来の給特法をめぐる裁判例においては、教員が行った時間外勤務に関して、給特法違反の時間外勤務命令(職務命令)があったか否か、もしくは、労基法三七条に定められた超勤手当請求権が存在するか否か、という争点が争われており、「超勤四項目」以外の業務が「労基法上の労働時間」にあたるか、という法律判断はなされていない。それゆえ、給特法制定後に最高裁がはじめて実質的な判断を行った京都市公立学校事件最高裁判決も含めて、田中まさお裁判への先例性は弱く、その法律判断を本訴訟に適用することはできないと思われる。いわば、本訴訟は公立学校教員が行った「超勤四項目」以外の業務が「労基法上の労働時間」に該当するのか、またそれが労基法三二条違反に該当するのかをはじめて裁判所に問う訴訟である。この争点に対して、裁判所には民間労働裁判を通じて蓄積されてきた判例、および学説が示す判断基準にしたがって、客観的に審査することが求められる。

ところで、裁判所により、それまで「自発的行為」とされてきた「超勤四項目」以外の業務が「労基法上の労働時間」に該当し、この業務にあたらせてきたことが労基法三二条に違反すると判断されたならば、全国の公立学校教員が同じ法的ルールのもとで働いている以上、この「違法状態」をどのように是正するかという立法政策上の問題が残る。この問題は、ひとたび違法判決が下され原告の請求が認められたならば、同様の超勤手当や損害賠償金の支給が全国的に求められ国家予算を動かすような事態となりうるため、そのことが裁判所をして原告の請求を認めることを困難にしているようにも思われる。

具体的な立法政策のあり方に関する私見については終章に譲るが、裁判との関係で述べるならば、その具体策の考案、ないし政策立案は、裁判所が担うものではなく、究極的には行政府、立法府に委ねられた課題である。現行の給特法が許容し得ない「超勤四項目」以外の「労基法上の労働時間」の存在に対して、全国の教員への経済的補償を行う仕組みは行政府が検討すべき課題であり、また、それに必要な立法措置、財政措置もまた立法府に委ねられた課題であるといえる。

裁判所においては、まずは、「超勤四項目」以外の業務が「労基法上の労働時間」に該当するかについての法律判断を行い、労基法三二条違反の有無を示すことが肝要である。なぜならば、これを無報酬のままに放置することが違法であるという判断が示されなければ、行政府、立法府もこれを是正する必要性を見出せないからである。本訴訟は、過労死ラインを大きく超える教員の多忙化状況を改善するための行政措置、立法措置を起動させる重要な契機となることが期待される。この法律判断をもとに行政府、立法府を駆動させること、それこそが、教育政策形成における裁判所の役割であるともいえるだろう。

＊＊＊

ところで、冒頭にみたように、田中まさお裁判は二〇二一年一〇月一日に、さいたま地裁にて第一審判決が言い渡された。結論的には、原告の請求がいずれも棄却されたものの、原告の従事した業務が「労基法上の労働時間」に該当するのか、という前半戦の法律判断においては、本章でも論じた判断基準が採用され、原告が行った業務の多くが労働時間として認定されることとなった。民間労働裁判で蓄積されてきた「労基法上の労働時間」概念のメスが、はじめて公立学校教員の業務に入れられたことは、一定評価しうるように思われる。

他方で、この判決には当然ながら大きな課題も残っている。原告の業務が「労基法上の労働時間」に該当するとしながらも、その時間分の賃金請求権に関する後半戦の争点においては、原告の主張がほぼ否認されることとなった。裁判所は、なぜそのような結論に至ったのか？また、その結論に至る法律判断にはいかなる問題があるのか？

次章では、この田中まさお裁判の第一審二〇二一年一〇月一日判決を読み解き、この訴訟の到達点と課題を論じる。

【注】

（1）さいたま地判令三・一〇・一 Westlaw Japan 文献番号 2021WLJPCA10016002。

（2）静岡県教員超勤手当請求事件（最一判昭四七・四・六民集二六巻三号三九七頁）。

（3）静岡市教員超勤手当請求事件（最三判昭四七・一二・二六民集二六巻一〇号二〇九六頁）。

（4）このような判例状況において、広島県立高校教諭割増賃金請求事件（広島地判平一七・六・三〇労判九〇六号七九頁）では、原告の超勤手当請求権が否認されつつも、校長が給特条例上の「割振り基準」に従い休日指定する義務を懈怠したことを国家賠償法上の違法として認め、割増分を除いた本給相当分の賠償金を命じている。給特法により労基法三七条が適用除外されるなかで、原告の請求が一部容認された希少な事例であり注目される。

(5) 本章は、二〇二〇年九月一〇日にさいたま地方裁判所第五民事部に提出された鑑定意見書「公立学校教員が正規の勤務時間外に従事した『超勤4項目』以外の業務の『労基法上の労働時間』該当性について」を改稿したものである。すでに他章で論じた内容と重なる部分を大幅に削除しているが、この意見書の内容については、一部修正の上、髙橋哲「公立学校教員の超勤問題再考—意見書：『超勤4項目』外業務の『労働基準法上の労働時間』該当性について—」『季刊労働者の権利』三三九号、二〇二一年、八八頁として公刊されている。

また、この鑑定意見書にもとづいて、さいたま地裁にて行われた著者への専門家証人尋問の調書(記録)については、CALL4のWEBページに公開されている(https://www.call4.jp/file/pdf/202105/8a31f4eceee40d912a99a31d20d65feb.pdf　二〇二一年一二月一日最終閲覧)。

(6) 厳密には、人事委員会の措置要求判定の取消を争った横浜市人事委員会事件を含めて三類型に分けることができるが(横浜地判平六・八・三〇労判六六八号三六頁、東京高判平八・四・二五労判七四〇号一五頁、最一小判平一〇・四・三〇労判七四〇号一四頁)、他の類型からみても独自の争点を設定するものであるため、本章では扱わない。

(7) 給特法制定後の教員超勤訴訟の類型としては、①「部分的否認説(「調整」推定説)」、②「全面否定説(一切不要説)」、③「『労働』性否認説」に区分する試みがなされている(萬井隆令「公立学校教師の超勤問題について—京都市教組超過勤務是正裁判についての意見書—」『労働法律旬報』一六一〇号、二〇〇五年、三二頁、小林正直「教員超過勤務手当請求事件」日本教育法学会編『教育法の現代的争点』法律文化社、二〇一四年、三八六頁)。しかしながら、この類型は労基法三七条に基づく超勤手当請求権の認否に着目した類型であり、必ずしも労基法三七条が争点とされていない判示も混同されているように思われる。それゆえ、判決の法律判断の内容に着目するならば、本書のような二類型に分類することが適切であると思われる。なお、原告の請求内容に着目し、本書と類似の訴訟類型を示すものとして、青野覚「調査実態の法的評価と給特法の解釈論的検討」連合総研『とりもどせ！　教職員の「生活時間」―日本における教職員の働き方・労働時間の実態に関する研究委員会報告書―』連合総合生活開発研究所、二〇一六年、一七三頁。
(8) 最三小判平二三・七・一二民集二三七号一七九頁。
(9) 上田絵理「市立の小中学校教員らの超過勤務について各校長には健康に配慮すべき義務違反は認められないとされた例」『法学セミナー増刊　新・判例解説 Watch』一一巻、二〇一二年、二六六頁。
(10) 川田琢之「公立学校教員による給特法違反等を理由とする国家賠償請求―京都市(教員・勤務管理義務違反)事件―」『ジュリスト』一四三七号、二〇一二年、一〇八頁。
(11) 松戸浩「公立学校教育職員の時間外勤務と設置者の国家賠償責任の成否」『平成23年度重要判例解説　ジュリスト臨時増刊』一四四〇号、二〇一二年、五五頁。
(12) 名古屋地判平一一・一〇・二九判タ一〇五五号一四二頁、名古屋高判平一四・一・二三裁判所ウェブサイト。
(13) この類型にあてはまるものとして本文に示すものの他に、広島県立高校教諭割増賃金請求事件(広島地判平一七・六・三〇労判九〇六号七九頁)、北海道公立学校事件(札幌地判平一六・七・二九裁判所ウェブサイト、札幌高判平一九・九・二七裁判所ウェブサイト)などがある。
(14) 名古屋地判昭六三・一・二九労判五一二号四〇頁。
(15) 萬井隆令「教員の労働と給特法―運用の実態と問題点―」『労働法律旬報』一九二六号、二〇一八年、九頁。
(16) 同旨、山本吉人「クラブ活動引率にともなう時間外勤務手当の請求」『教育判例百選〔第3版〕』有斐閣、一九九二年、二〇五頁。
(17) 東京大学労働法研究会『注釈労働時間法』有斐閣、一九九〇年、八一―八二頁、片岡昇・萬井隆令編『労働時間法論』法律文化社、一九九〇年、一二二頁〔吉田美喜夫執筆〕、長谷川珠子「労働時間の法理論」

日本労働法学会『講座労働法の再生 第3巻―労働条件論の課題―』日本評論社、二〇一七年、一三二頁など。

(18) 荒木尚志『労働時間の法的構造』有斐閣、一九九一年、三〇八頁。なお、荒木によれば、労働時間概念は、「労基法上の労働時間」と「労働契約上の労働時間」に二分され、後者はさらに「賃金時間」と「労働契約上の義務の存する時間」という三つの労働時間概念に区分される(同上書、六―七頁)。

(19) なお、同事件最高裁判決の調査官解説においても、「労基法上の労働時間と労働契約上の労働時間とは異なる概念であり、労働契約上の労働時間として労働契約に基づき賃金が支払われる時間(いわゆる賃金時間)は、必ずしも労基法上の労働時間とは一致しない」として、労働時間概念の区分論が採用されている(『最高裁判所判例解説 民事篇 平成14年度(上)』二五一頁〔竹田光広執筆〕)。

(20) 東京地判平一七・一・一三判タ一一八六号一二一頁。

(21) 同旨、斎藤周「給特法と教員の超過勤務手当請求権―立川市立中学校超過勤務手当請求事件―」『季刊教育法』一四七号、二〇〇五年、九三頁。

(22) 名古屋地判平五・二・一二労判六二六号七四頁。

(23) 最三小判平一〇・九・八判例地方自治一八一号五七頁。

(24) なお、以下にみる埼玉教員超勤訴訟第一審における裁判資料は、CALL4のサイトより閲覧できるため、本書においては資料番号のみ提示することとする(https://www.call4.jp/info.php?type=items&id=I0000070 二〇二二年一二月一日最終閲覧)。

(25) 長谷川・前掲書、二〇一七年、一三八―一三九頁。

(26) 西谷敏・野田進・和田肇・奥田香子編『新基本法コンメンタール 労働基準法・労働契約法〔第2版〕』日本評論社、二〇二〇年、一一九頁〔鎌田耕一執筆〕、水町勇一郎『詳解 労働法〔第2版〕』東京大学出版会、二〇二一年、六六四頁。

(27) 荒木尚志『労働法〔第4版〕』有斐閣、二〇二〇年、二〇三頁。

(28) 北海道公立学校事件高裁判決(札幌高判平一九・九・二七裁判所ウェブサイト)。
(29) 荒木・前掲書、二〇二〇年、一九九頁。
(30) 早津裕貴「公立学校教員の労働時間規制に関する検討」『季刊労働法』二六六号、二〇一九年、六六―六七頁。
(31) さらにいうならば、給特法五条により適用除外された労基法三七条は、あくまで「割増賃金」の支給義務を定める規定であるため、少なくとも割増分を除いた本給分が支給されるべきであろう。

第7章　埼玉教員超勤訴訟第一審判決の意義と課題
――「画期的」な理由と乗り越えるべき壁

1　はじめに――第一審判決の評価をめぐって

前章でみてきたように、公立小学校教員の田中まさお氏（仮名）を原告とする埼玉教員超勤訴訟は、「自発的行為」とされてきた「超勤四項目」以外の業務が「労基法上の労働時間」に該当し、この時間外労働を放置することが労基法三二条に違反すると主張する点に新規性がある。本章では、この原告の主張に対して、二〇二一年一〇月一日にさいたま地裁で言い渡された第一審判決（以下、本判決）[1]が、いかなる法律判断を示したのかを検討する。

前章でみたように、原告の田中まさお氏は、給特法のもと、月あたり約六〇時間を超える時間外労働が「タダ働き」とされている現状の違法性を主張し、主位的には労基法三七条にもとづく割増賃金請求を行い、予備的に労働時間上限を定めた労基法三二条違反への国家賠償請求を行っていた。これに対し判決は、結論として原告の請求をいずれも棄却した。他方、末尾の「付言」において、給特法が「もはや教育現場の実情に適合していないのではないか」と指摘し、「わが国の将来を担う児童生徒の教育を今一層充実したものとするためにも、現場の教育職員の意見に真摯に耳を傾け、働き方改革による教育職員の業務の削減を行い、勤務実態に即した適正給与の支給のために、勤務時間の管理システムの整備や給特法を含めた給与体系の見直しなどを早急に進め、教育現場の勤務環境の改善が図られることを切に望む」と現在の働き方改革の遅滞に対して、苦言を呈したのである。

この判決に対しては、本書脱稿直前の二〇二一年一二月末時点でも、すでにインターネットを中心に厳しい批判が展開されており、「この裁判の前からも、校長と教育委員会には教員の健康に配慮する安全配慮義務があることは判例で示されていたし、管理職が業務量の調整等を行うのは当たり前のことである。本判決にものすごく新しい意義があるわけではない(2)」との指摘や、「少しずつではあるが前進していた『教員の働き方改革』に冷や水を浴びせかける、醜悪ともいえる判決(3)」との評価がなされている。

他方で、新聞報道を中心に、判決の示した「付言」が給特法の不備を指摘した点について評価する向きもある(4)。判決が行政府、立法府を名宛人として「給特法を含めた給与体系の見直し」という具体的提言を行い、また時の文部科学大臣が公式記者会見において、この付言について「司法からもそういう目を向けられて、改善が求められているということは重く受け止める(5)」と発言したことも話題を呼んだ。

原告の請求を棄却した判決への批判はいずれも正論であり、また、裁判所が立法府、行政府を名宛人とした異例の「付言」を示したことも注目されるところである。しかしながら、本判決においては、前章にみてきた従来の教員超勤訴訟からみて、評価すべき点が「付言」以外にもあるように思われる。

そこで本章では、教員の長時間労働をめぐる問題に対して、この判決が示す到達点を検討するとともに、請求棄却に至る法律判断の問題点について検討したい。以下に詳述するように、本判決は労基法の基本原則からみて問題点が少なくないものの、給特法が無定量な時間外労働を許容する「定額働かせ放題」の法律であるとの認識や、同法のもとに教員が「聖職」として扱われることへのアンチテーゼを確実に投げかけている。さらに、この裁判は訴訟「運動」としての側面からみた場合、一つの判決の勝敗を超えた、重要な意義と可能性を秘めていることを併せて論じたい。

2　第一ステージ――その仕事は「労基法上の労働時間」にあたるか？

(1) 学校現場に入れられた労基法のメス

前章にみたように、従来の裁判例においては、超勤手当の支給を定めた労基法三七条違反の有無、あるいは、給特法違反に該当する職務命令の有無が争われてきた。そして多くの場合、原告教員らの主張は認められず、時間外になされた労働が自主的、自発的に行われたものとして、労働時間該当性を事実上否定されてきた。これに対し、田中まさお裁判では、「超勤四項目」以外の業務が「労基法上の労働時間」に該当し、労働時間の上限を定める労基法三二条に違反するのかが争点とされた。判示内容にみるならば、第一審判決は以下の二つの争点に大別することができる。すなわち、①「超勤四項目」以外の業務が、労基法上の労働時間に該当するのかという争点（第一ステージ）と、②認定された労働時間の賃金請求権（損害賠償請求）の存否に関する争点（第二ステージ）である。

第6章でみたとおり、かねてより労働法学説では、労基法三二条に定められた「労基法上の労働時間」にあたるかという判断基準と、「賃金請求権の存否」に関する判断基準は区別されるべきと指摘されており[6]、最高裁もこの区分を採用している[7]。本判決でもこの区分が率直に採用され、二つの判断が区別して論じられている。

そこで最初に、この第一ステージである「労基法上の労働時間」該当性の判断からみてみよう。本判決は、「給特法は、労基法37条の適用を排除する一方で、同法32条の適用を除外していないので、教員についても、同法32条の規制が及ぶ」とし、当然にして労基法三二条の労働時間規制が教員に適用されることを確認する。その上で、この上限規制を上回る労働時間を審査し、始業時刻前、休憩時間中、終業後に行われた「超勤四項目」以外の業務のうち、合計三七七時間二三分を「労基法上の労働時間」として認定した。

この点は、極めて重要である。第6章で検討した事例のとおり、従来の裁判では、労基法三七条違反の有無、給特法違反に該当する職務命令の有無をめぐる判断に、労働時間該当性に関する判断も混在されてきたため、「超勤四項目」以外の業務は校長が教員に命じた労働ではないとして、いずれも労働時間であると認められず門前払いにされてきた。それが本判決により、正規の勤務時間外に行われた「超勤四項目」以外の業務が、裁判上はじめて「労基法上の労働時間」として認定されることとなったのである（判決では、三七七時間一三分のうち最終的に三一時間五七分のみが労基法三二条の定める法定労働時間を超過したものとして認められることとなったが、この問題については後述する）。

また、判決は労働時間該当性の判断にあたり、「労基法32条の定める労働時間とは、労働者が使用者の指揮命令下に置かれている時間をいう」と定義し、民間労働裁判のリーディングケースである三菱重工長崎造船所事件最高裁判決を引き[8]、客観的に使用者の指揮命令下にあったかを判断する手法を採用した。

さらには、この指揮命令下の有無を判断するにあたり、職務命令などの明示的な指揮命令のみではなく、学説上、有力説とされる「相補的二要件説」を採り入れた判断を行っている。第5章で詳述したように、「相補的二要件説」とは「使用者の関与」と「職務性」の程度から、客観的に「労働させ」たという事実によって「労基法上の労働時間」の該当性を判断するという考え方である。これにより、当該業務が労働時間に該当するかは、「職務性要件」と「関与要件」の程度によって判断されることとなる[9]。

この判断基準のもと、本判決は特に時間外勤務の本体である終業後の各業務が「労基法上の労働時間」に該当するかを、判決「別紙４」で一八頁にわたり詳細に審査している。そこでは、教室の掲示物の管理や学年だよりの作成などは職員会議で共有、決定された業務であるとして、また、業者テストの採点や花壇の草取り・管理などは授業に付随する業務として、いずれも「労基法上の労働時間」に該当するとした。すなわち、労働時間該当性の二要件のうち、使用者の「関与要件」に関しては「職員会議との関連性」があれば校長の関与があったものとし、また、「職務性要件」に関しても「授業への付随性」があれば「職務」と認め、学校教員に固有な業務発生形態を加味して労働時間該当性を認めたのである。

本判決は、「相補的二要件説」を率直に採用し、これを教員に固有な発生形態を伴う業務にあてはめたことで、「労基法上の労働時間」概念のメスを公立学校に及ぼしたといえる。従来の裁判例が、「超勤四項目」以外の時間外勤務を労働時間とみなしてこなかった歴史からみるならば、一定の画期性を有している。これは、本判決で第一に評価されるべき点であるといえよう。

（2）文科省の「働き方改革」に対するインパクト

次節で詳述するように、残念ながら本件原告の請求は認められなかった。だが、労基法三二条の上限労働時間を超えて教員を働かせた場合、その態様によっては、国賠法上も違法となりうることを認めた点は、極めて重要な判示である。すなわち、本判決は、以下のように、校長の果たすべき注意義務を示し、この義務に違反した場合に損害賠償責任を負うとしている。少し長いが重要な点のため、該当箇所を引用しておこう。

……校長の職務命令に基づく業務を行った時間（自主的な業務の体裁を取りながら、校長の職務命令と同視できるほど当該教員の自由意思を強く拘束するような形態での時間外勤務等がなされた場合には、実質的に職務命令に基づくものと評価すべきである。）が日常的に長時間にわたり、時間外勤務をしなければ事務処理ができない状況が常態化しているなど、給特法が、時間外勤務を命ずることができる場合を限定して、教員の労働時間が無定量になることを防止しようとした前記趣旨を没却するような事情が認められる場合には、その勤務の外形的、客観的な状況から、当該校長において、当該教員の労働時間について、労基法32条に違反していることの認識があり、あるいは認識可能性があるものとして、その違反状態を解消するために、業務量の調整や業務の割振り、勤務時間等の調整などの措置を執るべき注意義務があるといえる。

その上で判決は、「これらの措置を執ることなく、法定労働時間を超えて当該教員を労働させ続けた場合には、前記注意義務に違反したものとして、その服務監督者及び費用負担者は、国賠法1条1項に基づく損害賠償責任を負う」としている。このように本判決は、給特法のもとでも、労基法三二条の上限規制を超えて教員を働かせた場合、国賠法上も違法となり、損害賠償請求の対象となりうるとしたのである。

原告の請求を棄却しつつも、裁判所が示したこの法律判断は、文科省が推進する「学校における働き方改革」の制度枠組みにも大きなインパクトを与えるものである。

第４章で詳述したように、文科省は二〇一九年の給特法改正以降、時間外労働を「在校等時間」として処理し、「超勤四項目」以外の業務を含めた時間管理を教員の服務監督権者である教育委員会と校長に義務付けている。しかしながら、「超勤四項目」以外の業務に関しては、時間管理の対象であるが、あくまで自主的、自発的に行われた業務であり、「労基法上の労働時間」にはあたらないとしてきた。それゆえ文科省は、原則として月四五時間、年間三六〇時間、特別な事情がある場合は月一〇〇時間、年間七二〇時間までの時間外労働を「タダ働き」とすることを合法であると解釈し、これを「働き方改革」施策として推進してきたのである。

しかしながら、本判決は、「超勤四項目」以外の「在校等時間」には「労基法上の労働時間」に該当する時間が存在すると判断した。また、月四五〜一〇〇時間もの「タダ働き」を容認した場合、国賠法上も違法となり、損害賠償請求の対象となる可能性をも示したのである。それゆえ、文科省は自ら設計してきた「働き方改革」の構造そのものが違法状態となる可能性を突き付けられているといえるだろう。

本判決により、これらの業務が「労基法上の労働時間」と認められ、労基法三二条違反に伴う国家賠償請求の可能性も認められたことは、文科省施策を直接的に牽制するものであると同時に、本訴訟の控訴審も含めて、労基法三二条違反を根拠とする教員超勤訴訟の展開に扉を開いたといえるだろう。

本判決に関しては、給特法の見直しを求めた「付言」に注目が集められてきたものの、労基法三二条違反に伴う国家賠償請求の途が開かれたことは、「付言」に示された裁判所の苦言よりも、法的にみて重要であるといえる。

3　第二ステージ——賃金請求権（損害賠償請求）は認められるか？

こうした意義の一方で、本判決は後半戦にあたる賃金請求権（損害賠償請求）をめぐる法律判断に重大な問題がある。先にみたように、本判決は、時間外に行われた「超勤四項目」以外の業務のうち、「労基法上の労働時間」に該当する時間が三七七時間一三分あったと認めながら、これらの労働時間に対する対価を一切認めなかった。すなわち本判決は、①給特法を根拠に労基法三七条にもとづく超勤手当支給は全面適用除外されるとし、また、②国賠法上の違法についても否認し損害賠償請求を一切認めなかった。以下、この法律判断の問題をそれぞれみていこう。

（1）超勤手当支給は認められるか？

判決は、労基法三七条にもとづく超勤手当請求権について、「給特法が、超勤4項目以外の業務に係る時間外勤務について、教職調整額のほかに、労基法37条に基づく時間外割増賃金の発生を予定していると解することはできない」としてこれを否定した。その理由として、「教員の業務は、教員の自主的で自律的な判断に基づく業務と校長の指揮命令に基づく業務とが日常的に渾然一体となって行われているため、これを正確に峻別することは困難」であること、また「教職調整額は、教員の勤務時間外での職務を包括的に評価した結果として支給されるものであり、超勤4項目のみならず、それ以外の業務を含めた時間外勤務に対する超過勤務手当に代わるものとして支給されるものである」ことを掲げた。

本判決は、給特法が労基法三七条を適用除外しているとして、超勤手当の支給の余地を一切否定している。しかしながら、これは従来の労基法三七条違反を争ってきた裁判からみても後退する判示となっている。前章でみたように、従来の訴訟でも超勤手当の支給は認められてこなかったものの、「自由意思を極めて強く拘束する場合」という「例外」的な場面には、労基法三七条が適用され超勤手当支給の余地があるとする判決が多数存在した。本判決がこれら従来の裁判例から一歩後退してまで、労基法三七条を全面適用除外しなければならなかった理由はどこにあるのか。その背景には、原告の時間外に行った業務を「労基法上の労働時間」と認めざるを得なかった一方で、仮に「例外」的な場面であっても労基法三七条の適用余地を認めた場合、超勤手当請求権を否定することと整合性がとれなかったという事情があるように思われる。

また、本判決は、教職調整額が「超勤四項目」のみならず、それ以外の業務を含めた時間外勤務に対する対価であるとしているが、この認識は給特法制定時の立法趣旨にみても明らかな誤りである。なぜならば、第3章4節で確認したように、給特法制定時の国会審議にみる限り、当時の文部省、人事院、そして労働省は、教員の時間外勤務が無定量、無制限とならないために、対象となる業務の量ではなく「内容によって歯止めをかける」ことを給特法の立法趣旨であると共通して示していたからである。この立法者意思は重く受け止められるべきであり、給特法はあくまで、超勤手当を支給しない代わりに、教職調整額を支給し「超勤四項目」の時間外勤務のみを許容する法律であることが改めて確認される必要がある。

もし仮に給特法が「自発的行為」とされた業務を包摂し、教職調整額の対象とされるという被告側の見解に立っても、本件判決で校長の指揮命令下にあったと認定された「労基法上の労働時間」までをカバーしていると考えることは、それこそが給特法解釈の限界を超えている。本来、一分でも所定労働時間を超過したならば、それに対する対価を支払うべきである。ひとたび、「超勤四項目」以外の業務が「労基法上の労働時間」と認定されたならば、それは給特法による免罰効の対象外（第５章参照）として、同法三七条にもとづく超勤手当の請求が認められるべきである。さらに、仮に給特法五条により労基法三七条の超勤手当が例外なく全面的に適用除外されているとあえて想定したとしても、労基法三七条はあくまで「割増賃金」に関する義務付けを行うに過ぎないことから、少なくとも割増分を除いた本給相当分の対価が支給されてしかるべきである(10)。

（２）国家賠償請求は認められるか？

国賠法一条一項は、「公務員が、その職務を行うについて、故意又は過失によつて違法に他人に損害を加えたときは、国又は公共団体が、これを賠償する責に任ずる」と定めている。このため、被告の埼玉県による損害賠償が認められるためには、教員を働かせた校長の行為が、国賠法上も違法であることが認められなければならない。

本判決は、この法律判断にあたり、従来から多くの判例が採用する「職務行為基準説」にもとづく判断を行ったとみられる。「職務行為基準説」とは、行政機関や公務員の行った行為が結果として違法であったとしても、公務員が職務上の法的(注意)義務を尽くしたときは、国賠法上の違法にならないとする考え方であり、判例上確立された法理としても評価されている(11)。本判決では、労基法三二条の上限を超えて原告を働かせた校長の行為が、国賠法上も違法となる注意義務違反に該当するのかが争われることとなった。

本判決は、この校長の注意義務違反の有無に関して「本件校長が労基法32条違反を認識し、あるいは認識可能性があったということはできないから、これを是正するための措置を講じなければならない注意義務を生じさせる予見可能性があったとは認められず、原告が主張する前記注意義務違反を認めることはできない」として、これを否認している。

問題なのは、本判決がこの結論を導くに至る判断の過程である。すなわち、本判決は、教員の労働が自主的に行われた業務と「渾然一体」となっていることや、校長に厳密な時間管理責任が与えられていなかったことなどを理由に、校長の注意義務を不当に緩めている。さらには、校長の注意義務違反の審査にあたり「校長が労基法32条違反を認識し、あるいは認識可能性があった」ことを要件としているが、これは事前にそれが違法であることを知っていながらあえてその行為を行った、という「故意」の存在を要件とするに等しい(12)。

しかしながら、校長は管理職として所属職員の服務を監督する立場にあり(学校教育法三七条四号)、長期の教育経験が任用要件とされる専門職と位置づけられている(学校教育法施行規則二〇条)。また、労働時間の上限を定める労基法三二条、ならびに、労働安全衛生法上の「労働者の労働時間の状況を把握しなければならない」(六六条の八の三)という労働時間適正把握義務は公立学校にも適用されており、校長に厳密な時間管理が求められていなかったとする道理は成り立たない。

このことから、本件校長には教員の勤務時間が所定労働時間、法定労働時間のいずれも超えないように管理する法的責任があったといえる。本判決で「労基法上の労働時間」にあたるとされた業務に関しても、少なくとも法定労働時間を超えることは容易に予測可能であり、また教員を監督する管理職として、この事態を回避する高度の専門的注意義務が存在していたといえる。

それゆえ、法定労働時間を超過し働かせることが違法だと事前に認識していたかという「故意」の有無ではなく、高度の専門的注意義務を有する管理職として、労基法三二条違反となる結果を予測し回避すべきところ、その注意義務を怠った「過失」こそが問題なのである。このため、注意義務違反をめぐる判断にあたっては、高度の専門的注意義務を有する校長の「過失」の有無という観点から問われるべきであったといえよう。

もう一つ問題なのは、本判決が国賠法上の違法を否認するにあたり、損害が軽微であったことを理由に掲げている点である。判決は、「法定労働時間を超過した月でも最大で15時間未満であり、直ちに健康や福祉を害するおそれのある時間外労働に従事させられたとはいえない」

とし、「原告に社会通念上受忍すべき限度を超えるほどの精神的苦痛を与えているとは言い難い」として、算出された法定時間外労働が「受忍」の範囲内であるとしている。

しかし、本件原告の月あたりの時間外労働が、最大でも月あたり一五時間未満であったと評価された背景には、最終的に算出された労基法三二条の上限を超過した労働時間が、三二時間五七分に留まったことが起因している。

第一ステージでの判断にみたように、判決は始業時刻前、休憩時間中、終業後に行われた業務のうち、合計三七七時間二三分を「労基法上の労働時間」として認めていたが、これらがそのまま、法定時間外労働とは算出されなかった。実は、この計算式にこそ重大な問題が存在する。判決は原告の法定時間外労働を算出するにあたり、正規の勤務時間のうち、まず、原告以外の専科教員が担当していた音楽、書写、そして児童下校後の時間を「空き時間」とし、会議等のなかった「空き時間」の合計二四一時間三五分を差し引いたのである。

同時に問題なのは、最終的な法定時間外労働の算出にあたり、教員の正規の勤務時間(一日あたり七時間四五分)と法定労働時間(一日あたり八時間)の間にある一五分間を「空白の時間」として扱っている点にある。判決は、前記の「空き時間」を差し引いた時間外労働の合計と「正規の勤務時間」(所定労働時間)を合計した時間を原告の総労働時間とする。そしてそこから、労基法三二条で定める法定労働時間の総計を超えた時間のみを法定時間外労働分(労基法三二条超過部分)としたのである。

この計算式によって生じているのは、各勤務日の所定労働時間(七時間四五分)と法定労働時間（八時間）の間にある一五分間が、時間外労働の合計からさらに差し引かれるという事態である。この一五分間の差は一般に「法内残業」と呼ばれ、労基法三七条所定の超勤手当支給義務は発生しないものの、一般の地方公務員の場合は割増賃金の対象とされている。

この結果、「労基法上の労働時間」として認められた三七七時間二三分から「空き時間」と各勤務日の「法内残業時間」が差し引かれ、最終的に三二時間五七分のみが法定時間外労働とみなされた。そして、「法定労働時間を超過した月でも最大で15時間未満である」という原告の時間外労働に対する過小評価を導き出すことになったのである。

しかしながら、原告が主張した時間外労働は、「空き時間」によっても、法内残業によっても収まらなかった業務ゆえに発生した時間である。これらの時間を「空白の時間」として処理し、それを差し引くことは、原告が実際に働いた時間外労働を過小評価するための恣意的な計算式といわざるを得ない。民間労働裁判では、所定労働時間を超えた労働時間が認められたならば、それは自動的に時間外労働と認定される。そこから所定労働時間内の労働密度を精査し、労働密度の低い時間を差し引くようなことはあり得ない。また学校教員に特有の「空き時間」に関していうならば、原告は公立学校教員として勤務している以上、所定労働時間内は拘束時間であり、また、公務員法上の職務専念義務が発生していた時間であるため、原告が「遊んでいた」時間ではない。仮に「遊んでいた」時間を本件原告が過ごしていたならば、それは職務専念義務違反として懲戒処分の対象事由となっていたであろう。

実態としても、多忙に追われる公立学校教員が、「空き時間」や一五分間の法内残業時間を自由に過ごしていたとは到底想定できない（多くの学校は休憩時間さえ取ることができていない）。その上で、仮に原告が「空き時間」や法内残業時間に、業務に従事せず待機状態（いわゆる「手待ち時間」）であったと想定しても、学校内での急な児童対応、保護者対応等があった場合に即座に従事することが求められる。これは、仮眠時間の労働時間該当性を争った大星ビル管理事件最高裁判決（第5章参照）の事例に類似しており、「空き時間」においても「労働からの解放が保障されていない場合には労基法上の労働時間に当たる」といわざるを得ない[13]。本判決が示すような「空き時間」や「法内残業」の扱いは、原告が学校内で連続して業務に従事しながら、これらの時間帯のみ瞬間移動により自宅等に至り労働から解放されていなければ、物理的に成り立たない概念であるといえるだろう。

それゆえ、原告の行った時間外労働を「労基法上の労働時間」と認定しながら、ここから「空き時間」、法内残業時間を差し引くという計算式は、原告の労働実態を反映せず、原告の損害に対する過小評価をひき起こしている。これをもって、「社会通念上受忍すべき限度を超えるほどの精神的苦痛を与えているとは言い難い」とすることは、その法律判断、事実認定ともに問題があるといわざるを得ない。

さらに譲歩を重ね、仮に、判決の示す計算式にもとづいて、三二時間五七分のみを法定時間外労働とみなすとしても、これに対する請求を認めず「タダ働き」として処理することは、給特法の特殊ルールに照らしても許されない。第5章にみた文科省解釈に立って、仮に給特法が「超勤四項目」以外の「自発的行為」とされた業務を許容するとしても、本判決で認定された

「労基法上の労働時間」までをカバーしていると考えることは、法解釈の限界を超えた立論である。「超勤四項目」以外の業務に対価が必要ないのは、「自発的行為」という建前があるからであり、それが否定され「労基法上の労働時間」として認められた以上、教職調整額とは別に労働対価が支払われてしかるべきである。最終的に認められた三二時間五七分は四日間以上の労働日に相当するものであり、その損害を給料月額四%の教職調整額でカバーされているとみなすことは、あきらかな法律判断の誤りであるといえるだろう。

このように、本判決は、第二ステージである賃金請求権(損害賠償請求)の争点をめぐる判断にこそ批判されるべき多くの問題を含んでおり、事実認定を含めて、法律判断に重大な誤りがあるといわざるを得ない。特に、時間外労働の存在を認めながらも、これを正規の勤務時間内から差し引くという手法は、従来の労働判例上のルールにも逸脱している。サッカーに喩えるならば、労働時間の該当性が争われた前半戦(第一ステージ)ではルール通りに試合が行われ、原告の主張が多く認められていたにもかかわらず、後半戦(第二ステージ)に入って「手を使ってよい」というルール違反が認められ、逆転を許した判決ともいえるだろう。

だが、それは逆にいうならば、第二ステージの法律判断に関しては是正されるべき余地が多くあり、控訴審以降の展開に期待できることを示している。

4　教育労働に固有な労働時間をめぐって

ここまでにみてきたように、本判決は第一ステージの「労基法上の労働時間」をめぐる法律判断に一定の到達点を見出すことができるが、他方、第二ステージの賃金請求権（損害賠償請求）をめぐる判断に大きな問題があった。ただし、第一ステージの判断が全面的に受け容れられるというわけではない。そこで、教師の労働時間を考える上で重要と思われる課題について論じておきたい。

第一ステージでは民間労働裁判の示す基準にもとづいて、原告の時間外労働の多くが「労基法上の労働時間」と認められた。一方で、労働時間として認められなかった業務や、認められてもその労働時間が過小評価された業務も存在していた。例えば本判決は、一コマあたりの授業準備時間は「5分が相当」とし、さらに、教材研究、保護者対応、児童のノート添削などに関しては、「原告自らがその教育的見地から自主的に決定したというべき」として、労働時間にあたらないとしている。

しかし、この「教育的見地」によって導かれる教育活動にこそ、教師という仕事の核心が存在しているように思われる。すなわちこれらの業務は、使用者の指示によって一律に内容が確定されるのではなく、教師の経験、専門性、そして目の前の子どもの状況にもとづき、その必要性と業務内容が確定される領域である。まさに、教師の専門的判断によって付加される業務であることから、「専門的付加価値業務」とも呼びうる。

この業務は、子ども理解のための活動であると同時に、子ども理解をもとになされる教育実践そのものであり、学校現場ではこれこそが教師の専門性の中核であることが指摘されている[14]。学校における教育活動は、オンデマンド授業のように、子どもの実態と切り離されて完結するものではなく、授業を実施するためにこそ、子ども理解のための活動が要請され、この子ども理解にもとづいて教育活動が構成されることとなる。この点が、教師の職務が、上司に命じられた最低限の職務をこなすにとどまらず、専門的付加価値業務を不可欠とする理由である。

戦後教育学の中心人物として、子どもの学習権思想を発展させた堀尾輝久は、子どもの成長、発達を保障する教師の専門性と責務について以下のように述べている。

教師は、教育内容・教材についての科学的知見をもち、同時に、子どもの発達についての専門的識見をもち、さらに授業や生活指導を通して、その発達を保障するための、不断の研究に裏打ちされた専門的力量が求められる。教師は、教育科学創造の担い手であり、同時に、その知見に裏づけられた教育の創造的な実践者でなければならない。それは子どもの不断の再発見の過程である。教師は真理の前で謙虚に、子どもの可能性の前で寛容であり、子どもの少しの変化も見逃すことなく、その発達の最近接領域と、それにふさわしい働きかけを工夫し続けなければ、教師としての責任は果せない[15]。

ここに示されるように、学習権保障に見合う教育実践は、子ども理解の過程を経なければ成立せず、子ども理解の上に成り立つ教育実践を構成しなければ、教師の教育専門家としての責務は果たせない。この観点からみるならば、授業準備、教材研究、児童のノート添削、そして保護者対応などの業務は、子どもの「再発見の過程」であり、子ども理解の活動であると同時に、子ども理解のもとになされる創造的な教育実践の活動であるといえるだろう。判決が教員の本来的業務と位置付ける「授業」は、四五〜五〇分の授業時間内で完結するものではなく、これら子ども理解の活動との連続性を持つものであり、まさに授業の構成に不可欠な「授業付随的業務」なのである。

この専門的付加価値業務の労働時間は、それぞれの教員の経験、専門性によって異なってくるであろうが、「標準時間モデル」を構成することは不可能ではないと思われる。しかし、その標準時間は、本判決のように裁判官が主観的に「5分が妥当である」と確定するものではなく、学校現場の英知や、教育学的考察、さらには労使合意のもとに確定されるべき時間であるといえるだろう。そして、これらの専門的付加価値業務は教師の中核的労働にあたるのだから、本来正規の勤務時間内に収められる必要がある。そして、その専門的付加価値業務を行うための裁量労働時間の確保が、教員に固有な勤務時間管理のあり方として求められる。この教師の中核的労働が正規の勤務時間に収まらず、所定労働時間外に行われざるを得なくなっている状況こそが是正されてしかるべきであろう。

このように、教員の労働時間に関しては、民間労働裁判において採用されてきた「労基法上の労働時間」概念が適用されることがまずもって必要であるが、そこに上乗せして含められるべき専門的付加価値業務という固有な労働時間が存在する。それゆえ、これらの不可欠かつ中核的な業務もまた、本判決の示す「授業付随的業務」として、「労基法上の労働時間」に組み入れられなければならない。また、本判決の「付言」に示された給特法や給与体系の見直しは、単に無定量となっている教員の時間外労働をいかに経済的に補償するか、という観点からのみで考えるべきではない。そもそも時間外勤務を余儀なくされている構造自体の是正、さらには、前述の専門的付加価値業務が正規の勤務時間内に包摂されるような、裁量労働時間の確保と併せて検討されなければならない。そして、この裁量労働時間の標準時間の確定にあたっては、教育現場や教育学諸領域の協働による検証が求められている。

5　小括――教員多忙化問題の「出口」を求めて

本判決においては、「超勤四項目」以外の業務が「労基法上の労働時間」と認められたという画期的側面を有しつつも、残念ながら原告の請求がいずれも棄却されることとなった。しかしながら、労基法三七条をめぐる判断に関しても、国賠法上の違法の存否に関しても、いずれも法律判断に重大な誤りがある。この点は、控訴審以降における法律判断の是正が期待される。

くわえて、労基法三二条違反が国賠法上の違法となりうるとする枠組みが示されたことは、今後の訴訟運動に重要な意義を持つと考えられる。公立小学校教員を原告とする本判決においては、原告の行った時間外労働が国賠法上の違法とまでは言えないと判示された。だが別の角度からみるならば、部活動等を含めた平均労働時間の最も多い中学校教員や、同様に部活動の業務に事実上強制的に従事させられている高校教員が原告となった場合に、損害賠償請求が認められる可能性もある。

もちろん、すでにみてきたように、本章でとりあげた論点をもとに控訴審で争える余地は十分存在する。それに加えて、教員の超過勤務をめぐる裁判は、田中まさお氏の単独訴訟に「お任せ」するのではなく、さまざまな校種や勤務状況にある複数の教員が原告となることで、突破口が切り開かれる可能性を秘めている。田中まさお氏一人の訴訟ではなく、「第二、第三の田中まさお」の出現により、事実上の集団訴訟として組織化されることでさらなる展望が拓かれるといえるだろう。

またこの訴訟は、原告個人の未払い賃金の回収に留まらない意義を有している。第5章にみたように、教員の多忙化をめぐる問題は、「金をかけない働き方改革」の限界、欠陥の一局面である。ゆえに、この訴訟は働いた者に対して本来支払われるべき対価を求める裁判であると同時に、それはとりもなおさず、公教育に本来支払われるべき公費支出を求める裁判でもある。

アメリカでは、不十分な公教育費支出に対して、子どもの教育を保障する州政府の義務という観点から、州政府による追加的公教育費支出を請求する教育財政訴訟という裁判形態が存在する。本訴訟は、日本における教育財政訴訟の萌芽と位置づけられる側面を有している[16]。教員の多忙化問題は、日本における公教育費の圧倒的不足の帰結であり、本訴訟は公教育における国家責任の追及という側面をも有している。現状の教育財政、教育政策を、裁判を通じて是正するための訴訟モデルの一つとなることが期待される。

さらに本訴訟は、訴訟「運動」という観点からみても、従来の教育裁判とは異なる固有性をみることができる。すでに、多くの報道で触れられているように、本訴訟には、従来の教職員組合を主体とする運動体に代わり、将来教員を目指す学生等が中心となった支援がなされている[17]。もちろん、この訴訟運動においても教職員組合の関わりは必要であり、特に集団訴訟を展開していく上で不可欠な存在であり、それが組合の本来的役割として期待される。他方で、学生を中心とする若い世代がこの訴訟を支援していることは、教育における訴訟運動の新たな可能性をも示しているように思われる。

すなわち、教職員組合関係者や学校関係者という当事者による訴訟運動から、誰でも参加できる開かれた訴訟、いわば「公共訴訟」への展開である。実際に、これらの世代が支援に加わることにより、公共訴訟のプラットフォーム組織である「ＣＡＬＬ４」とのコラボレーションが実現し、ＣＡＬＬ４のクラウドファンディングを通じて、誰でも訴訟に参加・支援できる仕組みが形成されている[18]。埼玉教員超勤訴訟は、「訴訟を通じて社会を変える」というモデルの一つであり、司法を通じた教育政策形成の可能性を秘めた運動モデルであるといえる。

現状の法制度のもとで教員の労働基本権が制約され、給特法のもとで労働当事者の意思表明が封じられているなかで、裁判という手段は教員の長時間労働を打開する重要な選択肢の一つとなっている。そして、この訴訟運動を、学校の現状を憂慮する若い世代が支えていることは、従来の教育裁判運動とは異なる新たな可能性を示している。その意味で、この訴訟運動は裁判の勝ち負けにとどまらぬ、教員多忙化問題を打開する「出口」の一つとなる可能性を秘めているといえるだろう。

＊＊＊

本章では田中まさお裁判の成果の一つとして、「超勤四項目」以外の業務が「労基法上の労働時間」にあたると認められたことを示した。そのうえで、その労働時間の認定に際して、教員に固有な業務と、それを考慮して労働時間を認定する必要性についても論じた。では、「教師の労働の固有性」を加味した上で、その勤務時間管理のあり方を具体的制度としてどのように設計していけばよいか。教員の働き方改革をめぐる閉塞状況は、こうした制度モデルの不在が要因の一つとなっている。

そこで重要になってくるのが、「教師の労働の固有性」を考慮して形成された諸外国の制度モデルの参照という手法である。次章ではその先駆的な事例の一つとして、教師の裁量労働時間を加味した勤務時間管理方式を採り入れるアメリカの制度モデルを検討しよう。

【注】

（1）さいたま地判令三・一〇・一 Westlaw Japan 文献番号 2021WLJPCA10016002。

（2）妹尾昌俊「教師の残業は『労働』とみなされないのか？――埼玉県・教員残業代訴訟から考える――」

Ｙａｈｏｏ！　ニュース二〇二一年一〇月二日(https://news.yahoo.co.jp/byline/senoomasatoshi/20211002-00261172　二〇二一年一二月一日最終閲覧)。

(３)　嶋﨑量「公立学校教員・残業代判決は何が問題か」Ｙａｈｏｏ！　ニュース二〇二一年一〇月二日(https://news.yahoo.co.jp/byline/shimasakichikara/20211002-00261187　二〇二一年一二月一日最終閲覧)。

(４)　毎日新聞朝刊二〇二一年一〇月二日二三面、朝日新聞朝刊二〇二一年一〇月二日三三面、読売新聞朝刊(埼玉県東・県南版)二〇二一年一〇月二日二九面、東京新聞朝刊二〇二一年一〇月二日二四面など。

(５)　二〇二一年一〇月四日萩生田光一文部科学大臣臨時記者会見録(https://www.mext.go.jp/b_menu/daijin/detail/mext_00196.html　二〇二一年一二月一日最終閲覧)。

(６)　東京大学労働法研究会『注釈労働時間法』有斐閣、一九九〇年、八一―八二頁、荒木尚志『労働時間の法的構造』有斐閣、一九九一年、六―七頁。

(７)　大星ビル管理事件(最一小判平成一四・二・二八民集五六巻二号三六一頁)。なお、同判決の調査官解説においても、「労基法上の労働時間と労働契約上の労働時間とは異なる概念であり、労働契約上の労働時間として労働契約に基づき賃金が支払われる時間(いわゆる賃金時間)は、必ずしも労基法上の労働時間とは一致しない」とされている(『最高裁判所判例解説　民事篇　平成14年度(上)』二五一頁〔竹田光広執筆〕)。

(８)　最一小判平成一二・三・九民集五四巻三号八〇一頁。

(９)　荒木尚志『労働法〔第４版〕』有斐閣、二〇二〇年、二〇三頁。

(10)　給特法のもとでも、時間外に行われた「超勤四項目」以外の業務について、割増分を除いた本給分を支給すべきと唱える学説として、青木宗也「教職特別措置法―労働法学の立場から―」『日本教育法学会年報』二号、一九七三年、七七頁。

(11)　西埜章『国家賠償法コンメンタール〔第３版〕』勁草書房、二〇二〇年、一八五―一八六頁。他方、判例において、必ずしも「職務行為基準説」が判例法理として確定していないと指摘するものとして、宇賀克也『行政法概説Ⅱ―行政救済法―〔第７版〕』有斐閣、二〇二一年、四六一頁、武田真一郎「国家賠償における違法性と過失について―相関関係説、違法性相対説による理解の試み―」『成蹊法学』六四号、二〇〇七年、四九六頁、同「続・国家賠償における違法性と過失について」『成蹊法学』八八号、二〇一八年、五三六頁など。

(12) 宇賀・前掲書、二〇二一年、四七四頁。

(13) 大星ビル管理事件最高裁判決(最一小判平一四・二・二八民集五六巻二号三六一頁)。また、大林ファシリティーズ事件最高裁判決(最二小判平一九・一〇・一九民集六一巻七号二五五五頁)では、住み込みのマンション管理員による時間外、土曜日の「居室における不活動時間」も随時住民に対応する必要があったことから「労基法上の労働時間」に該当するとされている。

(14) 曽和重雄「教師が育つ現場をつくる」『教育』九〇九号、二〇二一年、三四頁。

(15) 堀尾輝久『人権としての教育』岩波現代文庫、二〇一九年、一三七頁。

(16) アメリカの教育財政訴訟の詳細については、マイケル A. レベル「米国における財政平等と教育の『適正性』をめぐる法的問題―教育政策における州裁判所の役割を中心に―」『日本教育法学会年報』四八号、二〇一九年、二四頁、および Rebell, Michael A., *Flunking Democracy: Schools, Courts, and Civic Participation*, The University of Chicago Press, 2018 の第5章を参照。また、日本の教育法の文脈における教育財政訴訟の意義については、髙橋哲「教育法学―『防御の教育法学』から『攻めの教育法学』へ―」『教育学年報11―教育研究の新章―』世織書房、二〇一九年、一九九頁。

(17) 例えば、中日新聞朝刊二〇二一年五月一九日一七面、『AERA』三四巻五二号六二―六三頁。

(18) CALL4のホームページには、「CALL4は、『社会課題の解決を目指す訴訟(公共訴訟)』がなぜ起こされているのか、その背景と、訴訟に込められた人々の思いや物語を届けます。そして、関心や問題意識を持つ人達が、気軽に、寄付や、それぞれのやり方で訴訟に関われる場を提供します」と、その設立目体が示されている。埼玉教員超勤訴訟にとどまらず、同様の公共訴訟として、二〇二一年一二月一日現在、同性婚訴訟やコロナ特措法違憲訴訟などを支援している(https://www.call4.jp/other.php?key=aboutCall4　二〇二一年一二月一日最終閲覧)。

第８章　学校における働き方改革のオルタナティブ
――アメリカにみる教員に固有な勤務時間管理モデルの可能性

１　はじめに――働き方の国際比較からみえてくること

埼玉教員超勤訴訟において問題となった授業準備、教材研究、保護者対応などの教員の裁量に委ねられた時間を、いかに正規の勤務時間内に確保すべきか。この問題にアプローチするにあたり、本章ではアメリカにおける教員の勤務時間管理方式を一つの制度モデルとして検討したい。

教育法学を含め法律学では、比較法研究が不可欠な手法とされてきたが、なかでも労働法学においては外国法を学ぶことがとりわけ重要であることが示されている。すなわち、「労働法のように変化が早く、次々と新たな問題への対応が求められ、雇用システムの転換に伴う根本的な見直しを迫られている分野において、比較法研究の意義はとりわけ大きい(1)」とされる。この比較法研究の意義は、「学校における働き方改革」が称揚される公立学校教員の労働条件をめぐる問題においても指摘できる。むしろ、このような比較法研究の視点がなかったことが、教員の働き方改革をめぐる議論の閉塞状況をもたらしてきたとさえいえる。

第4章で詳述したように、二〇一九年一二月に改正された給特法は、一年単位変形制を各自治体の条例によって導入し、教員の時間外勤務に関する上限指針を設けることを本旨としている。しかし、従来から無定量な労働時間の温床として指摘されてきた教職調整額を支払う代わりに、労基法三七条所定の超勤手当支給を適用除外するという構造をそのままにしている。改正法の原案を示した二〇一九年一月二五日の中教審「学校における働き方改革」答申では、労基法の一般原則にもとづいて現行法制を改正するとの「認識が示された」としつつも、結果的には、給特法を維持するという結論をとっている。そこでは、教員の時間外勤務をめぐり「給特法維持か？」「労基法適用か？」という二項対立図式による検討がなされ、結論として前者が選択されたのである。この二項対立図式は、教員の勤務時間管理に関する制度モデルが、国内の民間労働者に適用される労基法か、給特法しかないことを示しており、そのことが教員「多忙化」の「出口論」、ないし、オルタナティブの閉塞をもたらしている。

またこの閉塞状況のもと、解決されるべき問題も無定量となった時間外労働をどのように「縮減」するか、あるいは、その対価をいかに支払うか、という議論に終始してきたといえる。(2)そして、教員の「勤務の特殊性」を論じる際にも、それは「厳密な時間管理はなじまない」として、教員の労働を「自発的行為」として処理する給特法の特殊ルールを正当化することと同義と解されてきたといえる。このような二項対立図式に立つ限り、前章にみたような教員に固有な労働時間である「専門的付加価値業務」をいかに確保するか、それによって教員に固有な勤務時間管理方式をいかに構想するか、という方途自体が閉ざされてしまう。それゆえ、このような教員に固有な勤務時間管理方式を実際に確立している諸外国の制度モデルを参照すること、すなわち比較法研究の視点が、二項対立図式にとらわれぬオルタナティブを検討する上でも求められる。

本章ではこの比較法研究の観点から、教員の裁量労働時間を含めて勤務時間のルールが策定されてきたアメリカ合衆国の制度モデルに着目する。アメリカの教員勤務時間管理の法制に着目するのは、教員が、民間労働者の最低労働条件を定めた基準立法から「専門職」として適用除外されるという日本との共通点がありながらも、学区教育行政機関と教員組合との間で締結された団体交渉協約により、教員の働き方の実態に則した固有な勤務時間管理ルールが形成されるという特徴をもつからである。

前章までにみたように、日本の法制度においては、労働当事者である教員が自らの労働条件に関する決定過程から徹底的に排除されている点に特徴がみられる。これに対して、以下で検討するアメリカの事例では、教員の労働条件をめぐる労使自治(団体交渉)が成立し、また教員組合を通じて当事者の発言権が保障されている。

このような当事者参加の労使自治のもと、教員に固有な働き方のルールはいかに形成されうるのか、またそこで考慮されるべき要素は総労働時間規制以外にどのようなものが存在するのか。団体交渉を通じたアメリカの教員勤務時間管理方式の検討からは、日本の働き方改革を考える上でも有用な示唆が得られるだろう。

ところで、アメリカにおける教員の勤務時間をめぐる従来の研究をみると、教員の勤務時間が「一般的に一日8時間程度である」という概略を示すもの[3]や、教員の募集時に示された職務記述書をもとに教員の業務内容を分析するもの[4]、インタビュー調査による経験的な勤務時間管理の事例を紹介するものなどがある[5]。しかし、勤務時間ルールを具体的に定める団体交渉協約の分析や、その法的根拠となっている州労使関係法の分析は十分になされていない。

一方で労働法学の分野では、次節にみるように、連邦法に示された労働時間規制の詳細が分析されており、また、学校教員が「専門的被用者」(professional employee)としてこの労働時間規制から適用除外されていることが明らかにされている。しかし、そこでも連邦法による労働時間規制から適用除外された後に、各州法のもと公立学校教員の勤務時間が各学区でいかに管理されているのかは明らかにされていない。

それゆえ、アメリカにおける公立学校教員の勤務時間をめぐる法制度を検討することは、これまでの労働法研究においても明らかにされてこなかった教員に固有な勤務時間管理方式を明らかにすると同時に、日本における教員の働き方改革のあるべき「出口」をめぐる一つの選択肢を提示することになるであろう。

2　アメリカの労働時間法制における学校教員の位置

比較労働法研究の知見として、各国の労働時間規制には三つのタイプのあることが指摘されている。すなわち、①労働時間のルールを労使間の団体交渉協約に委ねる「自主交渉型」、②一定時間を超過した場合に割増賃金の支払いを強制する「コスト圧力型」、そして、③最長労働時間の上限を法律によって直接規制する「直接規制型」である。[6]このうち、アメリカは②のコスト圧力型に位置付けられており、その法的根拠とされてきたのが一九三八年に連邦法として制定された公正労働基準法（The Fair Labor Standards Act：通称、ＦＬＳＡ）である。

公正労働基準法は、別名「Wage-Hour Law」（賃金−労働時間法）とも呼ばれるように、最低賃金と最長労働時間の上限を定める連邦法であり、当初、大量輸送の被用者や地方行政機関の被用者には適用されなかったが、一九六一年の改正以降これらの労働者も適用対象とされた。[7]同法は、「通商に従事する被用者」、「通商のための商品の生産に従事する被用者」、あるいは「通商のための商品の生産に従事する企業に雇用される被用者」を対象と定めるものの（29 U.S.C.A. §207(a)(1)）、病院、看護施設、学校の被用者は、この要件に関わりなく原則として適用対象とされてきた。[8]

同法六条は、二〇〇九年七月二四日以降、被用者の賃金は、時給七・二五ドルを下回ってはならないと定めている（29 U.S.C.A. §206(a)(1)(C)）。また、同法七条は、「一週間当たりの労働時間は四〇時間」を超えてはならないとした上で、その例外として、週四〇時間を超える労働に対して、通常賃金の一・五倍以上の割増賃金を支払うことを義務付けている（29 U.S.C.A. §207(1)-(2)(C)）。このように公正労働基準法は、全米の最低限の労働基準として最低賃金を定めるとともに、週四〇時間を超える労働に対して五割増の賃金を支払わせるという制裁金によって労働時間を規制するという方式をとっている。これが「コスト圧力型」と評価されるアメリカの法的枠組みの基本構造となっている。

ところで、公正労働基準法は、公務員を含めた広範な被用者に適用されるが、その一三条には適用除外される職種が列挙されている。具体的には、「管理的」(executive)、「運営的」(administrative)、「専門的」(professional)な業務にあたる被用者が、前記の最低賃金規定と割増賃金規定の双方から除外される。このうち、専門的被用者に関して、同法は「大学運営上の職務にあたる被用者、あるいは、初等中等学校の教員(teacher)を含む」(傍点―引用者)と明示しているため、公立学校教員は最低賃金規定と割増賃金規定の双方から適用除外されている(29 U.S.C.A. §213(a)(1))。また、後述するニューヨーク州においても州労働法が制定され、最低賃金と割増賃金規定があるものの、そこでも教員は「専門的被用者」として適用除外されている(NY LABOR §651(5))。

これらの被用者の適用除外は一般に「ホワイトカラー・エグゼンプション」と呼ばれており、そこには適用除外者が「処遇が高く、十分な交渉力をもつゆえに、労働時間等の不利益を使用者との交渉によって十分回避しうる者[9]」が想定されていた。また、この適用除外条項は、「FLSA〔公正労働基準法〕の保護が必要ない又は規制することが適切ではない労働者を念頭において制定されたものと考えられる[10]」と指摘されるように、ただ単に、待遇の高い職種を想定していたのみではなく、その職種に応じた固有な勤務時間管理方式が想定されていたとみることができる。

このような法的前提のもと、アメリカの公立学校教員は、連邦法、州法上の最低限の労働時間規制から適用除外され、その勤務時間管理は各地域の学区教育委員会と教員組合との団体交渉協約に全面的に委ねられている。そして実際に、公立学校教員には、学区ごとに締結された団体交渉協約により、公正労働基準法よりも相当に優遇された労働条件が確保されている。さらに後述のニューヨーク市学区の事例にみられるように、教員に固有な業務、労働時間に対応した勤務時間管理が試みられている。

公立学校教員が、労働者の最低限の労働条件を定めた基準法から一部適用除外される点は、日本とアメリカとで共通している。問題は、最低基準から適用除外された後に、教員がいかなる労働条件のもとに働いているのか、また、その労働条件を決定するルールがいかに定められているかである。それゆえ、アメリカの公立学校教員の労働時間規制をみるためには、各学区の団体交渉協約に定められた勤務時間管理方式を分析する必要があり、また、この団体交渉を行う上でのルールを定める各州の労使関係法に注目する必要がある。次節に詳述するように、この労使関係法上の教員組合の法的地位こそが、教員組合の交渉力を規定し、教員の勤務時間を含め、団体交渉協約に定められる労働条件を保障する制度的基盤となっている。

3　教員の労働基本権と教員組合の地位
――ニューヨーク州テイラー法の特徴

日本国憲法が労働者の労働基本権、すなわち団結権、団体交渉権、団体行動権（争議権）を明示しているのと異なり、アメリカ合衆国憲法上これらの権利は明文化されておらず、合衆国憲法修正第一条、および修正第一四条によって保障された「結社の自由」（freedom of association）から派生する権利として、団結権のみが認められている。一方、労働者の団体交渉権、団体行動権は、合衆国憲法上の権利として認められてこなかったため、その保障には連邦法、あるいは各州法による立法措置が必要とされてきた(11)。

一九六〇年代から七〇年代にかけて各州に制定された公務員の労使関係に係る州法は、公立学校教員にも団体交渉権と一部の団体行動権を保障する法的根拠を提供することとなった(12)。米国内の民間調査機関による二〇一九年一月現在の集計によると、公立学校教員の労働条件に関する団体交渉義務を州法上明示しているのが三三州とワシントン特別区、団体交渉を各教育委員会が自主的に行うことを許容しているのが九州、団体交渉を明示的に禁止する州は七州に過ぎない(13)。一方、教員のストライキ権（争議権）に関しては、これを禁止する州が多数となっており、合法としている州はイリノイ、オハイオ、ミネソタなどの中西部を中心とした一三州に限られる。このように、アメリカの公立学校教員の労働基本権に関しては、各州の労使関係法を法的根拠として、団体交渉権（協約締結権）を認め、一方でストライキを禁止するという方式が一般化されている。団体行動権とともに団体交渉権をも大幅に制約される日本の公立学校教員と異なり、アメリカにおいてはストライキを禁止するために、他方で団体交渉をより充実させるという施策がとられている。

本章が注目するニューヨーク州は、全米でもいち早く公務員の労使関係法を制定した州の一つである。[14] 一九六九年制定の公務員公正雇用法（Public Employees' Fair Employment Act）は、一九六〇年代に続発した公務員のストライキを抑制することを目的として立法化された。同法は、ペンシルバニア大学のテイラー（George W. Taylor）を議長とする州知事任命の審議会によって起草されたことから「テイラー法」と呼ばれており、以下のような法的特徴を有している。

第一に、教員を含めた州内の公務員の団結権、団体交渉権を保障する一方で、ストライキを厳格に禁止する。同法は、全ての公務員（Public Employee）が組合（被用者団体）に加入する権利（団結権）を認めるとともに、被用者を代表する組合を通じて「給与、労働時間、その他の雇用条件」について交渉を行う権利（団体交渉権）を定めている（N.Y. Civ. Serv. Law, §§202-203, WESTLAW 2021）。また、これらの事項について誠実に交渉を行うことは、使用者と組合の義務とされている（§204(3)）。

一方で、「いかなる公務員、あるいは、被用者団体もストライキに従事してはならない」（§210(1)）として、ストライキを明示的に禁止する。ストライキに従事した被用者には、従事した日の給与を不支給とするとともに、給与と同額のペナルティを徴収するという厳格な罰則を科している（§210(f)）。

第二に、団体交渉の方式として、「排他的代表制」(exclusive representation)を採用した点に特徴を示している(§204(2))。排他的代表制とは、使用者との団体交渉を要求する組合が複数あった場合、被用者を代表する組合を選出する選挙を行い、選出された代表組合がすべての被用者をその組合に加盟しているか否かに関わらず代表する仕組みである。この「勝者総取方式」ともいえるルールにより、代表権を得た組合には多くの被用者が加入したことから、教員組合の高い組織率を維持する背景となってきた。

さらに、排他的代表制に伴って代表組合に与えられた特権が、エイジェンシー・ショップと呼ばれる仕組みである。エイジェンシー・ショップとは、代表組合が使用者との交渉にあたり、その「手数料」を非組合員から徴収する仕組みである。この交渉手数料が、組合員の組合費とほぼ同額であることから、この仕組みも非組合員が組合に加入することを促してきたのである[15]。

なお、このエイジェンシー・ショップに関しては、二〇一八年六月二七日の連邦最高裁ジェナス(*Janus*)判決[16]により、合衆国憲法修正一条の「言論の自由」(freedom of speech)に反するとして、非組合員への強制的な「手数料」徴収を禁止する判決が下された。従来、連邦最高裁は、組合は政治的活動に支出される費用について非組合員から手数料を徴収することはできないが、組合活動に密接に関係(germane)する費用については徴収できるとしていた[17]。ジェナス判決はこの判例法理を変更し、「いかなる金銭も徴収される前に、被用者の明示的かつ積極的な同意のない限り」において、「当該手続きは修正一条に違反し、継続できない」(138 S. Ct. 2459〔2018〕)とし、エイジェンシー・ショップが修正一条に違反すると判示したのである。

一方、ニューヨーク州議会は、この判決に先立って二〇一八年四月一二日にテイラー法を改正し、ショップ制に代わる仕組みを導入している。すなわち、公務員の使用者には、新採用された公務員の名前、住所、職種を採用から三〇日以内に代表組合に情報提供する義務、ならびに、組合が新採用公務員と面会する機会を保障する義務を新設した（§208（4）（a）（b））。このようにジェナス判決以降も、州法により、組合の交渉力を担保するための措置がとられている。[18]

第三に、ストライキ禁止の代償措置として州公務雇用関係委員会（Public Employment Relations Board）による紛争解決手段が設けられている。同委員会は知事によって任命された三名の委員によって構成され（§205（1））、交渉代表を選出する選挙管理、不当労働行為の認定、労使紛争の処理などを管轄する（§205（5））。同委員会は、具体的な紛争処理の手段として調停（mediation）、実体調査（fact finding）の権限を持つ（§209（3）（a）－（c））。実体調査後の勧告に労使双方が合意しない場合は、最終的な判断が自治体議会に委ねられている（§209（3）（e））。[19]

また、ストライキが禁じられる一方で、組合の交渉力を担保するものとなっているのが、「トライバラ修正」（Triborough Amendment）と呼ばれる一九八四年の法改正によって採用されたルールである。[20]これは、団体交渉協約の期間終了後、新協約が締結されるまで旧協約が効力を有することを定めた特殊ルールであり（§209-a（1）（e））、組合側は旧協約の労働条件を維持しながら使用者と交渉を続けることができるため、組合の交渉力を高める措置として機能してきた。

このように、テイラー法は公務員のストライキを禁止する傍ら、公務雇用関係委員会が労働紛争の調停、実体調査などを保障し、さらには、トライバラ修正のように組合の交渉力を担保するための手厚い代償措置を付与してきたのである。日本では公務員の労働基本権を制約するにあたり、人事院、人事委員会の調査・勧告機能等をもって代償措置としているが、テイラー法が備える代替措置にみるならば、組合の交渉力を担保するための法的措置は極めて貧弱であるといえる。この労働基本権制約に伴う代償措置の相異が、日米の公立学校教員の働き方の違いを形成しているともいえるだろう。

そこで次に、前記のテイラー法のもと、教員の労働条件が団体交渉協約によっていかに定められているのかをニューヨーク市学区を事例に検討する。[21]

4　団体交渉で獲得した「教員に固有の勤務時間管理」
――ニューヨーク市学区の団体交渉協約

ニューヨーク市学区の団体交渉協約は、市教育局(City Department of Education)と教員総連盟(United Federation of Teachers：以下、UFT)との間で二〇〇八年から二〇一九年を期限として締結され、その後、二〇一九年二月一三日に追加協定により修正が行われ、二〇二二年九月までその効力が延長されている。[22] そこでは、教諭(classroom teachers)の勤務時間について以下のような条件を定めている。[23]

第一に、正規の勤務時間が六時間二〇分と定められている(Art. 6(A)(1)(a))。米国の他の多くの学区では八時間、ないし、日本と同様に七時間四五分と定められているのに対して、ニューヨーク市では、もともと六時間五〇分だった所定労働時間のさらなる短縮が、団体交渉の成果として実現されたのである。

ただし、この時間短縮にあたり経過措置期間が設けられており、月曜から木曜までの勤務時間には一日あたり最大三七分三〇秒の追加時間(additional time)が認められている(これは、六時間五〇分と六時間二〇分の差にあたる三〇分×五日分を、月曜から木曜の四日間に分けて割り振った時間にあたる)。この週あたり四日間の追加時間は、生徒の個別指導、試験準備、そして一〇名以下の少人数指導のみに活用されるものと限定されている(Art. 6(A)(1)(b))。

また、この勤務時間中に教職員の授業準備、専門的業務時間の確保がなされており、以下のように、週一五五分間の裁量時間(Art. 6(B)(1)(a))が定められている。[24] 第一に、毎週月曜日に八〇分間の研修時間(professional development)を確保し、第二に、火曜日に七五分間の裁量時間が確保され、保護者対応(parent engagement)、あるいは、共同的な学習計画、授業研究、生徒の作品評価などの専門的業務(professional work)にあてるものとされている(Art. 6(B)(1)(d))。なお、研修内容に関しては、校長と組合の学校代表とがそれぞれ指名する学校職能開発委員会(School Based Staff Development Committee)が、その計画を策定するものとされている(Art. 6(B)(1)(b))。

さらに、教員の総労働時間の管理とともに行われているのが、担当授業時間数や教育外業務の限定である。[25] 小学校においては、五〇分間の自由昼食時間(duty free lunch)の確保、週あたり五コマの授業準備時間(preparation periods)を設けることが義務付けられている(Art. 7(C)(4)(a),(b)(1))。授業準備時間は「割り振られた業務ではない専門的業務に利用されなければならない」

とされており、教員の裁量時間であることが示されている(Art. 7(C)(4)(b)(4))。また、教育外の業務に関する義務免除が明記されており、学校図書の整理、備品管理、給食費等の徴収、さらに、市統一テストの採点は、教員の業務ではないとされている(Art. 7(C)(4)(c))。

中学校ではさらに、担当授業時間の上限が二五コマと設定され、週五コマの授業準備時間、週五コマの専門的業務時間を確保することが義務付けられている。低所得世帯を中心に連邦補助金支援の対象とされている生徒が一定割合で学校に在籍する場合は[26]、担当授業時間が週二二コマに限定され、授業準備時間が八コマ確保される(Art. 7(B)(4)(a)(b))。

勤務時間管理とともに注目されるのが、学級規模についても団体交渉協約によって上限が定められている点である。先にみたように、テイラー法は「給与、労働時間、その他の雇用条件」に関する団体交渉を認めているが、「その他の雇用条件」が広く解釈され、学級規模もまた、団体交渉の対象とされてきたのである[27]。ニューヨーク市学区の協約において各学校の学級規模の上限は、小学校三二人、中学校三三人、高校三四人(Art. 7(M)(2)(a)-(d))とされている。

このように、ニューヨーク市学区の団体交渉協約にみるならば、総労働時間の短縮にとどまらず、担当授業コマ数の上限設定、さらには、学級規模の上限設定など、量的な意味での勤務条件管理が、団体交渉を通じて行われている。また、勤務時間内に研修や専門的業務に活用される裁量時間が確保されているように、教員に固有な勤務時間管理のあり方が、団体交渉を通じた当事者参加のもとで模索されてきたとみることができる。

5　コロナ禍の教員の働き方ルール

団体交渉方式にもとづく勤務条件の決定は、新型コロナウイルス対策においても貫徹されている。すなわち、二〇二〇〜二一年度の開始にあたり、感染症対策を含めた学校での働き方、ひいては学校教育の実施方法が団体交渉によって確定されたのである。ニューヨーク市学区では、二〇二〇年八月二五日に、対面とリモートの混合学習(blended learning)に関する「協定」(DOE-UFT Memorandum of Agreement on Blended Learning：以下、八月協定)が市教育局とUFTの間で結ばれ、さらに、二〇二〇年九月二五日に新型コロナウイルス感染症に対応した労働条件に関する「協定」(DOE-UFT Memorandum of Agreement：以下、九月協定)が締結され、これにより、リモートと対面の双方(blended learning)による新学期がスタートすることになった。[28]

ニューヨーク市学区では、二〇二〇〜二一年度の学校教育が全面リモートあるいは混合リモートで実施されたため、八月協定においては、全ての教員が、①全面リモート担当、②混合対面担当、③混合リモート担当のいずれかに配分されることが示されている。具体的には、全面リモート教員と混合対面教員は、団体交渉協約に明記された学級規模と担当コマ数を乗じた生徒数を一日あたりで担当するものとされている(典型的な例では、高校で三四名×五コマ＝一七〇名)。混合リモート教員については、この二倍の生徒数が担当業務の上限とされている。

九月協定においては、二〇二〇年七月三一日に市教育局より発効された「ガイドライン」に沿って教育活動を行うことが明記されており、教員組合が教育局の方針に合意したことが示されている(Sec. 6)。このガイドラインにおいては、新年度の開始にあたり「生徒の実状把握」と「安心の提供」を基本方針として、コロナ禍での生徒の困難に寄り添う姿勢が示されている(29)。

また、新型コロナウイルス感染症への対応という特殊な状況に対応するため、教員の労働条件には次のような一定の特例が定められることとなった。まず、正規の勤務時間を六時間二〇分とする時短経過措置をとりやめ、勤務時間を六時間五〇分とした上で、以下のような特殊な時間が確保されることとなった。第一に、授業開始前に一日三〇分間の「授業コーディネート時間」(instructional coordination period)が付与されることになった。この時間に混合対面教員と混合リモート教員等が双方で連携するための相互調整を行う。第二に、一日三〇分間の「準備時間」が設定された。これは、学校の終業直前におかれ、リモートでも実施することが可能とされているため、事実上、学校内での拘束時間を三〇分短くし、学校外で授業準備等に充てることが想定されている。第三に、一日二〇分間のオフィスアワーが設定され、この時間に、対面、あるいはリモートによって生徒、保護者とコミュニケーションをとることが想定されている。また、五〇分間の自由昼食時間も継続されており、対面、あるいは、リモートであっても担任教員の休憩時間中、他の教員が生徒を担当するものとされている。

また、九月協定では、教職員の安全を守るためのルールも明記されている。当時感染率の高かったニューヨーク市内では、当然ながら対面での授業は感染リスクが伴う。このため、九月協定では、「学校が再開されていない」、「担当する生徒が登校していない」、「登校している生徒の担当業務がない」のいずれかに該当する場合、教員はリモートでの勤務が権利として認められている(Sec. 10(B))。校長は学校内の教員の最大二〇％までを、学校運営のために出勤させることができるとされている(Sec. 10(C))。その際、基礎疾患などに伴う医療的配慮(medical accommodation)が必要な場合、または家族の主たる保護者・介護者(primary caregiver)である場合、あるいは、新型コロナウイルス感染症が疑われる場合は、全面リモートで職務にあたることが認められている(Sec. 10(D))。

さらに、ニューヨーク市学区の団体交渉協約で興味深いのは、ここまで論じてきたルールが基本原則とされながらも、学校ごとの特例が認められている点である。これは、「学校を基礎とする選択」(School Based Option：以下、SBO)と呼ばれる仕組みであり、校長と学校内の組合代表(chapter leader)によって変更案が検討され、両者の合意に加え、教職員の投票により五五％以上の賛成があった場合に変更が認められる。新型コロナウイルス対応においても、九月協定によって導入された授業コーディネート時間、準備時間、オフィスアワーの運用にあたり、協約内容の変更をSBOを通じて行うことが推奨されており(Sec. 6)、個々の学校の特殊事情に応じた運用が認められている。

このように、新型コロナウイルス感染症に特化した協約には、子どもに寄り添う学校教育を実施するために、固有な裁量時間が教員に付加されるとともに、教員自身の健康と安全を守るためのルールが定められている。また、これらのルールを画一的に適用するのではなく、SBOの仕組みを通じた校長と教職員との協働による弾力的運用が促されている。この点は、日本の学校が学習指導要領の全面実施を大前提とし、一学級四〇人を標準とする高い感染リスクのなかで、一律に対面授業を実施させたこととの大きな相違点を示している。ここでは、労働当事者の意思を反映させた労使自治が、教員に固有な勤務時間管理を形成するとともに、臨機応変な対応が求められる感染症対策でも有効に機能したことがうかがえる。

6　小括——労働条件決定における労使自治の重要性

本章冒頭にみた各国労働時間の比較法研究の知見によれば、上限労働時間の法制が整っている国においても、勤務時間規制を実行性あるものにできるかは、各産業、事業所の労使自治（団体交渉）に委ねられるとされている。そこでは、「労働時間の直接規制は労働者保護の有効な手段であるが、法制は一定の段階、すなわち最低基準として必要な限度にとどまり、それから先の時間短縮には、労使交渉による自主的努力が不可欠」であると指摘される。[30] アメリカの団体交渉にもとづく勤務時間管理の方式は、このような労働時間規制における労使自治の重要性を示す典型例であるといえるだろう。

アメリカで学校教員は専門的被用者として公正労働基準法の労働時間規制から適用除外されているものの、その前提として団体交渉協約を通じたより高い労働条件の確保と、教員組合の交渉能力を確保するための制度的条件が整えられていた。ストライキ権の制約や、最低基準立法からの適用除外がされつつも、その専門性に見合う労働条件を保障する法的、制度的条件の確保が前提とされていた点に特徴がある。

ここまでのアメリカの事例を踏まえたうえで、日本の状況に目を向けてみよう。日本の学校教員の労働条件は、給特法により、労基法の一般ルールとは異なる特殊ルールが採用されることにより、最低基準以下となる状況がつくられている。また、労基法からの適用除外にともなう労働条件確保のための法的、制度的条件を欠いており、むしろ、労働基本権が大幅に制約されるとともに、三六協定締結の機会も奪われ、その結果、労働時間に対する労働当事者の意思表明の機会をも奪われている。これらにより、「勤務の特殊性」を理由とする労基法からの一部適用除外が、労基法を下回る労働条件を教員に受容させることと同義となってきたことをみることができる。

また、日本の「学校における働き方改革」論議にみても、そこでは「給特法維持か？」「労基法適用か？」という二つの選択肢の枠内で議論が繰り広げられている。しかしこれは、労働時間の法制上の最低基準ルールの適否を争うに留まり、労働時間規制に不可欠な労使自治（団体交渉）の重要性や、これを保障するための法的、制度的条件という視点を欠いている。本章でアメリカの制度モデルを論じたように、日本でも公立学校教員の労働基本権制限の問題こそが改めて問われる必要があり、なかでも団体交渉権を実質化するための立法論、制度論こそが教員の働き方改革においても不可欠である。

日本の教員組合が政治活動に熱心であることを組合の政治化として批判する向きもあるが、逆にいえば教員組合は政治的にならざるを得ない法的、制度的状況におかれてきたといえる。団体交渉権、団体行動権という労働組合最大の武器を奪われ、わずかな代償措置として人事院制度があてがわれるなかで、教員組合は人事院、あるいは文部省(文科省)との中央交渉に精力を注がざるを得ず、また中央交渉を有利に進めるために、支持政党の議席を増やす活動をせまられてきたといえるだろう。しかしながら、第2章にみたように、教員の労働条件をめぐる決定権は、もはや地方自治体の広範な裁量に委ねられている。それゆえ、日本の教員組合は中央交渉を前提とした全国組織主体の運動から、地方自治体との交渉に焦点をおいた各地域支部中心の運動に移行することが求められている。ナショナルユニオンたる全国組織の役割は、各地域支部の交渉をめぐる情報を集約し、これを他の支部に提供する情報センターとしての役割を担うことになるであろう。これまでの運動の蓄積を糧にしながら、「普通の労働組合」としての役割を、教員の雇用主たる教育委員会との交渉によっていかに実質化できるかが、日本の教員組合の重要な課題となっている。

とはいえ、アメリカの団体交渉協約による労働時間規制方式は、条例によって給与や労働条件が定められる日本の教員法制とは距離があるようにみえるかもしれない。たしかに、第1章でみたように、日本の公立学校教員には、アメリカと同様の団体交渉「協約」締結権が認められていない。しかし、公立学校教員に適用される地公法でも職員団体による「交渉」(五五条一項)と、交渉内容に関する「協定」の締結は認められている。この職員団体による交渉を実質化させ、そして、ひとたび締結された「協定」を労使双方が誠実に遵守するという慣行が整うならば、アメリカの団体交渉方式による勤務時間管理と類似する労使自治の形成は可能であるように思われる。[31]むしろ、この職員団体との交渉を形骸化させ、過去に締結されてきた協定を一方的に任命権者が破棄するような、労使自治軽視の慣行こそが反省されなければならない(32)。

このような、現行法上の「交渉」を実質化させることで、勤務時間管理をめぐる労使自治を形成することが、教員の勤務時間抑制には不可欠である。また、そのような交渉による当事者の意思を反映させることが、学校教員に固有な勤務時間管理のあり方を創造することにもつながるだろう。

さらに、米国ニューヨーク市学区の勤務時間管理モデルからは、学校教員に固有な勤務時間のあり方として日本でも検討されるべき要素が多分に含まれていた。そこからは、少なくとも以下の三つの示唆が得られる。第一に、授業コマ数制限による「授業時間規制」であり、第二に、授業準備や教材研究、保護者対応などを行うための「標準的裁量時間」の確保であり、そして第三に、公立学校教員の総労働時間を短縮する「時短」の発想である。これら、アメリカの制度モデルからみられる教員の勤務時間管理における三つの要素は、日本の教員の多忙化解消のためにも、また、教師が自らの専門性に基づく教育活動を展開するうえでも、不可欠な要素であるといえるだろう(終章に詳述)。

＊＊＊

以上第Ⅲ部では、教員の多忙化をめぐる「出口論」として、新たな争点にもとづく教員超勤訴訟の可能性、ならびに、埼玉教員超勤訴訟第一審判決の分析をもとに司法を通じた教育政策の是正という論点、さらには、教員の働き方改革をめぐる具体的制度モデルとしてアメリカの教員勤務時間管理方式をみてきた。これらは現状の教員の働き方を是正するための「手段」をめぐる議論であると同時に、教員に固有な「あるべき仕組み」の制度モデルの一つを示すものであったといえるだろう。

繰り返し論じてきたように、日本の学校は、教師の無定量な労働の犠牲の上に成り立つ、矛盾に満ちた組織となっている。だが、それを「ブラック」なものとして論断し、諦めるのではなく、教師の働き方の「あるべき姿」を追い求めることが依然として必要である。現状の教育政策を是正し、教師がその専門性を発揮しうる働き方改革が模索され続けなければならない。そこで終章では、第Ⅲ部でみてきた「出口」をめぐる議論を補助線として、(1)給特法下においても対応しうる課題について論じ、さらに、(2)教員の働き方改革において検討されるべき立法措置を提示し、(3)本章で論じた米国の事例をもとにして、教員に固有な勤務時間管理を模索するうえで考慮すべき三要素の詳細について論じ、まとめにかえたいと思う。

【注】

(1) 両角道代「外国法を学ぶ意味―労働法の視点から―」『法律時報』九二巻四号、二〇二〇年、三一頁。

(2) それゆえ、『季刊教育法』(二〇二一年三月号)にて特集された各国の教員勤務時間管理法制の比較は、日本の教員法制を相対化し、「働き方改革」をめぐる「出口」の選択肢を示す有用性を示している。同誌においては、アメリカの他、イギリス(高橋望執筆)、ドイツ(井本佳宏執筆)、韓国(田中光晴執筆)における教員の勤務時間と業務内容に関する分析がなされており、さらに各国比較からみた日本の教員の働き方の特性

（丸山和昭執筆）が論じられている。

（3）川田琢之「アメリカ」諸外国教員給与研究会『諸外国の教員給与に関する調査研究 報告書』平成18年度文部科学省委託調査研究、二〇〇九年、二一八頁。

（4）佐藤仁「アメリカ合衆国の学校の役割と教職員」藤原文雄編『世界の学校と教職員の働き方』学事出版、二〇一八年、二一〇頁。

（5）大谷杏「アメリカ合衆国の教員の働き方と待遇」『季刊教育法』一九八号、二〇一八年、六頁。

（6）山口浩一郎・渡辺章・菅野和夫編『変容する労働時間制度―主要五カ国の比較研究―』日本労働協会、一九八八年、九―一〇頁。また、アメリカ型を「間接規制型」として分類するものとして、荒木尚志『労働時間の法的構造』有斐閣、一九九一年、一七―一八頁。

（7）同法の適用対象者をめぐる変遷については、野沢浩「労働時間政策の再検討」『日本労働法学会誌』六七号、一九八六年、二六―二七頁。

（8）中窪裕也『アメリカ労働法』弘文堂、一九九五年、二三五―二三六頁。

（9）梶川敦子「ホワイトカラー労働と労働時間規制の適用除外―アメリカのホワイトカラー・イグゼンプションの検討を中心に―」『日本労働法学会誌』一〇六号、二〇〇五年、一一三頁。

（10）労働政策研究・研修機構『諸外国のホワイトカラー労働者に係る労働時間法制に関する調査研究』労働政策研究報告書No.36、二〇〇五年、四一頁（幡野利通執筆）。

（11）菅野和夫「アメリカにおける公務員スト問題とその法規制（2）」『ジュリスト』六三三号、一九七七年、一〇二頁、桑原昌宏『公務員争議権論―日本とアメリカ―』日本評論社、一九八三年、七八―七九頁。

（12）この歴史的経緯と全米的な動向については、髙橋哲『現代米国の教員団体と教育労働法制改革―公立学校教員の労働基本権と専門職性をめぐる相克―』風間書房、二〇一一年。

（13）National Council on Teacher Quality, "Collective Bargaining Laws," Updated January 2019（https://www.nctq.org/contract-database/collectiveBargaining last visited on December 1st, 2022）。なお、テネシー州は団体交渉方式で

はなく「集団的面談」(collective conferencing)という独自手段がとられている。

(14) McEneaney, Janet, and Hebdon, Robert P., "Public Sector Labor Law and Experience in New York State," Najita, Joyce M., and Stern, James L., eds., *Collective Bargaining in the Public Sector: The Experience of Eight States*, Routledge, 2001, p. 162.

(15) これを労使関係論の観点から指摘するものとして、岩月真也『教員の報酬制度と労使関係—労働力取引の日米比較—』明石書店、二〇二〇年、一五一—一五二頁。

(16) *Janus v. AFSCME*, 138 S. Ct. 2448 (2018).

(17) *Abood v. Detroit Board of Education*, 431 U.S. 209 (1977).

(18) 同様のジュナス判決への対応が他州でも採られていることについては、Will, Madeline, "To Stem Likely Membership Losses, Teachers' Unions Play Offense," *Education Week*, Vol. 37, No. 36, 2018, p. 12.

(19) この議会による終局決定に関して、教育関係職は一九七四年の法改正によって適用除外されている(§209(3)(f))。以下にみるトライバラ修正を含め、この条項が、教員組合に不当に優位性を与えていると批判するものとして、Zwara, Jason A., "Left in the Dark: How New York's Taylor Law Impairs Collective Bargaining," *Hofstra Labor & Employment Law Journal*, Vol. 31, Iss. 1, 2013, pp. 204–205.

(20) 同法改正は、協約期間終了後の勤務条件が争われたTriborough Bridge and Tunnel Authority 事件(一九七二年)における州公務雇用関係委員会の決定が立法化されたことから、このように呼称されている(McEneaney, and Hebdon, *op cit*, p. 168)。

(21) テイラー法は州内の自治体が同法に反しない限りで独自立法を制定することを許しており、ニューヨーク市の公務員には、基本的に自治体内立法であるニューヨーク市団体交渉法(New York City Collective Bargaining Law: NYCCBL)が適用されるが、市内の公立学校教員については、この市法から適用除外され、テイラー法が直接適用されている(NYCCBL §12–304(c))州法、市法の管轄を争った判例として、*Shanker et al. v. Helsby*, 676 F.2d 31 (2d Cir. 1982)がある。

(22) ニューヨーク市学区の協約は以下から入手できる(https://www.uft.org/files/attachments/teachers-contract-2009-2018_0.pdf last visited on December 1st, 2021)。

(23) なお、アメリカ合衆国には、全米教育協会(National Education Association of the United States：以下、ＮＥＡ)とアメリカ教員連盟(American Federation of Teachers：以下、ＡＦＴ)という全国組合が存在しており、ＵＦＴはＡＦＴのニューヨーク市支部にあたる。最新統計である二〇一五～一六年度のデータによると、ＮＥＡとＡＦＴのいずれかに加入する組合員の組織率は、公立学校(チャータースクールを除く)において、七二・一％であることが示されている(U.S. Department of Education, National Center for Education Statistics, National Teacher and Principal Survey (NTPS), "Public School Teacher Data File," 2015–16)。これら全国組織の詳細については、高橋・前掲書、二〇一一年。また近年のアメリカ教員組合の動向については、菅俊治「アメリカで教員の戦略的な労働運動を学んできました」『教育』八八三号、二〇一九年、一九頁。

(24) この内容は、二〇一四～一五年度、二〇一五～一六年度の試行実験として義務付けられたものであるが、これ以降も労使の合意により継続できるとされている((Art.6(B)(1))。

(25) 授業時間数(hours of instruction)が団体交渉事項か、市内に三二あるコミュニティ学区に設置された教育委員会の専決事項であるのかが争われた事件において、州最高裁判決は「授業時間数は、テイラー法にもとづく団体交渉の対象となる教員の雇用条件である」と判示している(*School Boards Association v. Board of Education*, 347 N.E.2d 568 (N.Y. 1976))。

(26) 一九六五年に制定された初等中等教育法(Elementary and Secondary Education Act of 1965)を根拠として、低所得世帯を中心とする不利な立場にある生徒(at risk students)には、補習プログラム等が連邦補助金によって提供されている。同法第一編(Title I)を根拠とする補助金であることから、一般にタイトルⅠ補助金と呼ばれており、この受給率の高い学校には本文にあるような種々の特例が適用される。初等中等教育法の詳細については、ジャック・ジェニングス(吉良直・大桃敏行・髙橋哲訳)『アメリカ教育改革のポリティクス―公正を求めた50年の闘い―』東京大学出版会、二〇一八年。

（27）学級規模が団体交渉事項となるのかが争われ、教育委員会は自らの判断で交渉事項とすることができるとした判例として、*Board of Ed., Greenburgh v. Greenburgh Teachers Federation*, 51 A.D.2d 1039 (N.Y. App. Div. 1976) がある。

（28）新型コロナ対応の前記協約等については、以下から入手できる(https://www.uft.org/your-rights/safety-health/coronavirus　last visited on December 1st, 2021)。

（29）NYC Department of Education, *Preparing for School Year 2020–2021 : Instructional Principles & Programming Guidance Fall 2020*, July 31, 2020. (https://www.uft.org/sites/default/files/attachments/coronavirus-instructional-principles-programming-guidance.pdf　last visited on December 1st, 2021)

（30）山口ほか編・前掲書、一九八八年、一二三頁。

（31）学説上では、公務員法上の職員団体との「交渉」を「交渉応諾・誠実交渉義務」を使用者側に課すものと把握し、公務員の団体交渉権を実質化させることが試みられている(渡辺賢『公務員労働基本権の再構築』北海道大学出版会、二〇〇六年、三一五—三一六頁)。

（32）その紛争事例を示すものとして、北教組弁護団「教員の長時間勤務の解消には給特法見直しが急務である—北海道教職員組合『超勤手当訴訟』の教訓—」『労働法律旬報』一九二六号、二〇一八年、一二頁。

終章　教員の働き方改革のあるべき方向

これまでの内容をもとに、この終章では教員の働き方改革をめぐる今後のあるべき方向に関する試論を提示し、本書のまとめにかえたいと思う。教員の働き方改革をめぐる政策日程としては、二〇二二年度中に文科省による新たな教員勤務実態調査が予定されており、この現状把握のもとに給特法の見直しを含めた立法政策が措置される運びとなっている。そこで、本章では、まず(1)現状の給特法のもとでも対応できる課題について論じ、その上で、(2)今後検討されるべき立法措置について提示し、さらに(3)教員に固有な勤務時間管理を模索する上で考慮すべき要素を示したい。

1　給特法のもとでの三六協定締結の可能性

第3章以下で詳述したように、給特法をめぐる問題は、「超勤四項目」以外の業務を「自発的行為」と処理し、教員の時間外労働を「タダ働き」のまま許容する文科省の解釈と運用の問題に尽きるといってよい。その意味で、第7章にみた埼玉教員超勤訴訟第一審判決において、

「超勤四項目」以外の業務のなかに「労基法上の労働時間」に該当する時間が認められた点はやはり画期的であるといえる。

裁判では、「労基法上の労働時間」と認められた時間が超勤手当請求権、ないし、損害賠償請求の対象となるのかが争われているものの、これらの法律判断とは別に、ひとたび「労基法上の労働時間」と認められた時間を学校現場でどのように処理すべきか、という問題が残る。これは立法政策、ないし行政運用上の問題であるものの、給特法のもとでも以下のような労基法の基本原則に沿った運用が求められるであろう。

すなわち、「超勤四項目」以外の業務が「労基法上の労働時間」に該当すると判断された以上、その時間外勤務を労基法上違法とならないようにするために、まずもって三六協定締結の手続きを課すことが本筋となろう。実は、給特法下でも三六協定を締結すべきとの見解は、一九七一年の同法制定当初から主張されていた。青木宗也は、給特法のもとでは「超勤四項目」についての時間外労働のみを容認したものであるため、「それ以外の時間外労働については、労基法三三条三項にもとづく時間外労働ではないと言わざるを得ない。……その場合の時間外労働は、三六条の時間外労働と考えられ、その手続きが義務づけられる」と指摘している(1)。近年でも、萬井隆令が「限定四項目以外の業務については、三六協定を結ぶことなしには超勤はさせない、という原則を貫き、三六協定を迫ることが不可欠である」と強調している(2)。

ちなみに、給特法制定前に、教員の超勤手当を争った最高裁判決では、地公法五五条九項に定められた職員団体との「書面による協定」をもとに、公立学校でも「三六協定をむすぶことができる」とされていた。(3) また、給特法制定時の一九七一年の国会審議においても、教員に労基法三六条が適用される場合は、「事業場という場合の長は校長である」(宮地茂文部省初等中等局長)として、校長と教職員間で三六協定を結ぶ事になるとの答弁がなされている。(4) この答弁では、「この法律〔給特法─引用者注〕が施行されますと、実際問題としては、三六協定の三十六条は適用の余地がなくなると考えます」と、給特法施行後にも三六条は適用除外されないが、対象となる「超勤四項目」以外の時間外勤務が存在しなくなる「はず」だと想定されていたのである。(5)

しかしながら、現在の学校現場は「超勤四項目」以外の時間外勤務に溢れており、一九七一年時点での文部省の「三十六条は適用の余地がなくなる」という想定自体が崩壊している。そして前章までにみたように、文科省は自ら「超勤四項目」以外の業務を含めた勤務時間の管理を「上限指針」を通じて各教育委員会、校長に指示している。また、埼玉教員超勤訴訟第一審判決においても、「労基法上の労働時間」に該当する時間外勤務の存在が認められた以上、それらの業務に対しては三六協定締結義務が発生し、超勤手当を支給しなければ労基法違反の対象となりうる。

それゆえ、現行の給特法下においても、「超勤四項目」以外の時間外勤務については、労基法上の事業所である学校ごとに教職員集団と校長との三六協定の締結を求め、場合によっては三六協定締結義務違反を問うことが考えられる。

給特法改正をめぐっては、その勤務時間管理と給与保障をめぐり「給特法維持か?」「労基法適用か？」という二項対立図式が展開されてきた。だが、給特法下でも、「超勤四項目」以外の時間外勤務について、労基法の基本原則のもとに三六協定を締結し、超勤手当を支給することは可能であり、むしろ必要であることが知られなければならない。

2 不可欠な立法政策

他方で、学校現場における教員の「多忙化」の問題は、三六協定の締結義務と超勤手当の支給義務が適用されるだけでは解決できない側面がある。第1章でみたように、給特法は政治的妥協の産物であり、結果として教員に無定量な時間外労働をもたらしてきた「悪法」ではあるものの、これを廃止すれば事足りるわけではなく、少なくとも以下のような立法政策が不可欠である。

（1）義務標準法の改正による教職員定数の改善

第一に、義務標準法（1章2節参照）の改正による教員定数の改善である。現在の働き方改革論議は、実態として存在する無定量な教員の時間外勤務にどのように「対処」するのか、という観点からの改革案が検討されている。だが、そもそも時間外勤務を常態化、恒常化させている制度的要因自体を解消しなければならない。

二〇二一年四月より、それまで小学校第一学年を除いて中学校三年生まで四〇名とされてきた標準学級規模が、小学校二年生から六年生まで順次三五名へと改善される運びとなった。この五名の削減は重要な一歩ではあるものの、教員の働き方改革からみても、新型コロナウイルス感染症対策からみても、不十分に過ぎる。各学級の学級標準をさらに改善すると同時に、学級担任外教員(専科教員や副担任など)の数を確保するための比率である「乗ずる数」を改善することにより、総体としての教員数を増やさなければ、無定量な労働時間を改善することは不可能であるといえるだろう[6]。

(2) 教員給与基準立法の制定

第二に、教員給与に関する全国的な基準を定める教員給与基準立法と、これを保障する財政措置が不可欠である。教員の長時間労働是正にあたり実施された二〇一九年の給特法改正や、文科省主導の「学校における働き方改革」は、「財源がない」ことを前提とする施策であった[7]。また第2章でみたように、国立学校準拠制の廃止以降、教員給与の決定に関する自治体裁量が拡大し、教員人件費抑制のインセンティブがむしろ強化されている。現状の「財政的パイ」を前提としたなかで、給特法を廃止し、労基法の基本原則である三六協定締結義務と超勤手当の支給を義務付けたならば、何が起こるだろうか。その結果は自明であろう。

すなわち、財政的逼迫状況にあり、教員給与決定の裁量をもった自治体は、超勤手当の財源を今あるパイのなかで確保するために、本給を削減して捻出するという手法を採らざるを得ない。また、教員たちは基本給が削られるなかで、各自の生活を維持するために自ら時間外労働に身を投じ、対価を求めて長時間労働に従事するという悪循環につながり得る。

それゆえ、三六協定締結による労基法の基本原則、ないし、学校内での健全な労使自治を成立させるためにも、教員の基本給の全国的水準を維持する立法措置が不可欠である。それがなければ、給特法の廃止は、容易に公教育費削減の方途とされてしまうといえるだろう[8]。給特法の改廃は、全国的な教員給与基準に関する法律とこの基準にもとづいた財政措置の仕組みがセットで構想されなければならない[9]。

(3) 労働基本権の回復

さらに第三に、本来、憲法二八条によって教員にも保障されているはずの労働基本権に対する制約を見直すことが不可欠である。労働者の労働条件は、本来、対等な労使関係のもとで決定される事項である。しかしながら、地方公務員である公立学校教員は、その手段としての争議行為が禁止され、団体交渉権についても大幅に制約されている。さらに、第2章3節でみたように、これらの労働基本権制限の代償措置とされてきた人事院勧告制度が、国立学校準拠制の廃止以降、公立学校教員には十分に保障されていない事態となっている。これにより、他の一般の公務員と異なり、公立学校教員の労働基本権を制約することの条件が崩れている。教員の過酷な勤務状態を生み出す要因が、教員の労働基本権を制限し、労働条件の決定過程から当事者を排除することによって形成されてきたという経緯からみても、この憲法二八条をめぐる古典的な命題を、改めて議論の俎上に載せざるをえない[10]。

公立学校教員もまた憲法二八条の定める勤労者である以上、団結権、団体交渉権、団体行動権が保障されることが本筋である。公務員の「全体の奉仕者性」から一定の制約が許容されるにしても、自らの労働条件決定への参加を実質化するために有効な代償措置が設定されなければならない。第8章にみたニューヨーク州では、テイラー法のもと公務員のストライキを禁止する傍ら、団体交渉権については大幅に許容し、また、紛争処理の仕組みとして第三者機関による調停、実体調査などを保障し、さらには、団体交渉協約の期間終了後、新協約が締結されるまで旧協約の労働条件を保障する仕組みが形成されていた。

これら労働基本権制約の実質的な代償措置は、日本の働き方改革をめぐる立法措置の一環として検討される必要がある。特に、給特法の廃止を前提に、教員の労働条件の決定を自治体、学校レベルの労使自治に委ねるならば、それに伴う教員の労働基本権回復のための立法措置は不可避である。

3　教員に固有な労働時間を求めて

そして最後に、公立学校教員の勤務時間管理のあり方としては、単に時間外労働をなくし、正規の勤務時間を遵守させるという「総労働時間」の問題に議論が限られてはならない。前章で詳述した米国ニューヨーク市学区の勤務時間モデルからは、教師に固有な勤務時間管理のあり方として、少なくとも以下の三つの要素について示唆が得られる。

（1）授業時間数の上限規制

第一の要素は、授業コマ数制限による「授業時間数規制」である。教員の勤務時間管理をめぐっては、従来より教育労働の自主性と創造性を尊重する観点から「授業時間規制」を理想とする主張がなされてきた[11]。また、一九五八年に制定された義務標準法においても、当初、学校教育法施行規則に定められた「標準授業時間数」をもとに、小学校では教員一人の週あたり勤務時間＝四四時間のうち、教科指導時間を二四時間、教科外指導時間を二時間、残りの時間を授業準備時間として設定し、ここから教員定数を算定するという方式が示されていた[12]。

この方式の意義は、二〇一六年の教育公務員特例法改正をめぐる国会審議でも確認されている。そこでは、「昭和三十三年のいわゆる標準法制定時における教職員定数を算定するに当たりまして、一時間の授業につきましては一時間程度は授業の準備が必要ではないかと考えて、それをベースに教職員定数を算定したという経緯がある、その考えについては、現在においても、これくらいな時間が必要ではないかと考えていますということですが、そういうことでいいですか」（畑野君枝議員）との質問に対し、当時文部科学省初等中等教育局長の藤原誠からは、「単位時間で割り戻していけば、一時間当たりの指導時数に対しまして、その準備等の校務にかかるものがそれと同程度ということになる計算でございます」との答弁がなされている[13]。

このように、学校教員の業務として授業準備時間は不可欠な要素であり、この裁量時間を確保するために授業時間数の上限を設定することが不可避となる。さらに、教員配置との関係でいうならば、この授業時間の上限を上回る場合に、上回った分を担う教員を追加で補充する等の措置が考えられるだろう。近年、学校への社会的要請の高まりのなかで、あらゆる「○○教育」が加重されてきたが、その授業の実施にあたり、教員には授業準備時間の確保が必要で、それゆえ自ずと担当できる授業時間数には限界が伴うという、発想を持つことが、まずもって為政者には求められる。

（2）標準的裁量時間の確保

第二の要素は、「標準的裁量時間」の確保である。授業準備や教材研究、保護者対応などの教員の核となるべき、「専門的付加価値業務」(第7章参照)にあたる時間に関しては、ただ単に授業時間規制による「空きコマ」によって確保されるだけでなく、他の業務に充てられない「標準的裁量時間」として確保される必要がある。残念ながら、埼玉教員超勤訴訟第一審判決では、授業準備時間は「5分が相当」とされ、教材研究、保護者対応、児童のノート添削などに関しては、「原告自らがその教育的見地から自主的に決定したというべき」として、その労働時間性が否定されてしまった。しかしながら、このような「教育的見地から自主的に決定」される業務にこそ、教師の仕事の本質があるといわざるを得ない。

ニューヨーク市学区の勤務時間管理方式にみるならば、業務に関する自由裁量や独立した判断行使の時間があることをもって、労働時間性を否定されるのではなく、むしろ、そのような自由裁量こそが教師の仕事の核心として位置付けられ、正規の勤務時間内に確保する制度設計がなされていた。このような裁量時間、ないし「自由な時間」が、教師に確保されるべき時間として設定されていることは、日本の教員の働き方を考える上でも示唆的である。

日本においては、一九七一年に給特法が成立する際に、授業以外の時間帯や夏休み等の長期休業期間中に「自由な時間」の存在することが教員の勤務の特殊性とされていた。そして、そのような「自由な時間」が存在することを前提に、教育公務員特例法二二条二項（旧二〇条二項）により校外での自主的な研修を認めるという構成がとられてきた。その後、この自主的な研修をめぐる法的争点は、校外での自主研修を校長が承認する上での手続きをめぐる問題に終始し、そのための時間的余裕が存在することは所与の前提とされていた。そこでは、この「自由な時間」を勤務時間内に法的に確保するという発想自体が存在してこなかったといえる。そうしたなかで、学校には総合的な学習の時間、外国語（活動）、特別の教科道徳、プログラミング学習など、あらゆる業務が加重され、「自由な時間」は消滅し、校外自主研修がもはや「死語」となる事態をもたらしている。

それゆえ、アメリカの教員勤務時間管理を一つのモデルとするならば、授業準備時間、教材研究、保護者対応をはじめ、子ども理解に関わる教師の核心的業務時間は、正規の勤務時間内に標準時間を設定した上で確保することが不可欠となる。このような、裁量時間の確保という視点が、従来の学説においても、現在の学校における働き方改革論議においても欠けていたと言わざるを得ない。今後の教員の働き方改革においては、正規の勤務時間内に専門的付加価値業務が包摂されるような、標準的裁量時間が確保される必要がある。

（3）所定労働時間の短縮（時短）

さらに第三の要素が、公立学校教員の総労働時間を短縮する「時短」の発想である。現在の教員の働き方改革においては、教員の業務が正規の勤務時間である七時間四五分、ないし法定労働時間である八時間に収まらないことが問題となっているが、そもそもこの正規の勤務時間自体の短縮（いわゆる時短）が模索されなければならない。

この総労働時間の短縮は、すべての産業の労働者全般の共通課題ではあるものの、学校教員には時短を要請すべき固有な意義がある。先にみたように、米国でも公立学校教員の勤務時間は七時間四五分あるいは八時間程度が一般的であるのに対して、ニューヨーク市学区では団体交渉の成果として六時間二〇分と定められていた。これは教員の個人的特権としてのみではなく、拘束時間から解放された時間が、教員の自己研鑽等に活用されることを前提としている。それゆえ教員に固有な勤務時間のあり方として、一日の総労働時間自体の短縮が求められていたのである。

労働法学者の毛塚勝利は、労働時間規制の意義について、それは労働者の「自由時間」を確保するにとどまらず、「労働者が、家庭人として家族責任を引き受け、市民として社会責任を引き受ける」という公的な側面をもった「生活時間」を保障することにあると指摘する。[14] すなわち、これらの非労働時間は、個人の私的な「自由時間」にとどまらず、公共的性格をもった「生活時間」であるとし、それゆえ、労働時間規制の重要性が浮かび上がるとしている。学校教員においては、この「生活時間」の公共的性格がより明確であり、家庭や地域での活動に加え、本人が終業後や休日に自己研鑽することも、子どもの教育に還元される可能性をもつという公共的性格をみることができる。すなわち、「休息権が十分に保障されることによって文化的な人間生活の時間がもたらされることは、教師にとっては自主研修の条件としての意味をもつこと[15]」になるのである。それゆえ、教員の勤務時間のあり方としての「時短」は、他の労働者と同様に「生活時間」を確保するものとして検討されるべきであり、その公共的性格がより顕在化する職種であることが認識されるべきであろう。

以上みてきたように、日本における教員の働き方改革をめぐる論議は、時間外勤務をいかに縮減するかという総労働時間のみを議論するにとどまり、また、立法政策論としても給特法の改廃論のみが展開されており、考慮事項が狭きに失するといわざるを得ない。給特法の見直しにとどまらず、教員法制全般、さらには、公教育費の圧倒的不足を是正するための教育財政制度の改革が不可欠である。学校における働き方改革をめぐる立法政策は、単に無定量となっている教員の時間外労働をいかに経済的に補償するか、という観点のみではなく、そもそも時間外勤務を余儀なくされている制度構造自体の是正が求められる[16]。そして、教員に固有な働き方を可能とし、また、その専門的な裁量を発揮するために、前記にみた勤務時間管理をめぐる三つの要素、すなわち、授業時間規制、標準的裁量時間の確保、そして勤務時間の短縮という要素が考慮される必要があるだろう。

4　教師をいじめる教育政策に終止符を

本書脱稿直前の二〇二二年一一月一五日に、中央教育審議会『令和の日本型学校教育』を担う教師の在り方特別部会」が「審議のまとめ」を公表し、「教員免許更新制を発展的に解消する」と提言した。これにより、第一次安倍政権のもと、二〇〇七年の教育職員免許法（以下、免許法）の改正により二〇〇九年度から実施されてきた教員免許更新制が二〇二二年度中に廃止される運びとなった。「審議のまとめ」では、更新制廃止の理由として「教師が多忙な中で、経済的・物理的な負担感が生じているとの声や、臨時的任用教員等の人材確保に影響を与えているという声がある」との近時の背景事情が示されている。

しかしながら、教員免許更新制は教員の多忙化や教員不足の深刻化以前に、設立当初から多くの問題が指摘されてきた。特に免許法改正前の「旧免許状」所持者にも更新制が遡及適用され、現職教員の免許「失効」が、即「失職」に結び付くとの運用は、教員に事実上の「任期制」を導入するものであり、学校現場に深刻な影響をもたらしてきた。いわば免許更新制自体が、「教師をいじめる」ことを目的とする政策だったのだ。教員に知識のリニューアルや大学での研修が有効であるにしても、身分上の不利益を伴う仕組みは即時改められるべきであったといえる。

では、この度の教員免許更新制の廃止は、望ましい制度改革なのだろうか？　答えはネガティブにならざるを得ない。「審議のまとめ」においては、「変化を前向きに受け止め、探究心を持ちつつ自律的に学ぶという教師の主体的な姿勢」を「新たな教師の学びの姿」とした上で、これを実現する研修体系の構築にむけて、以下のような「三つの仕組み」を導入するとしている。

①明確な到達目標が設定され、到達目標に沿った内容を備えている質の高いものとなるように、学習コンテンツの質保証を行う仕組み
②学習コンテンツ全体を見渡して、ワンストップ的に情報を集約しつつ、適切に整理・提供するプラットフォームのような仕組み
③学びの成果を可視化するため、個別のテーマを体系的に学んだことを、全国的な観点から質が保証されたものとして証明する仕組み

教師の主体的な学びや研修が重要であることは間違いないが、ここに示された「三つの仕組み」は、それとは真逆の方向を目指し、「研修の不自由」を深刻化させることが懸念される。①の学習コンテンツの質保証に関しては、「事前に、学習コンテンツに、具体的に設定された到達目標に照らして、適切な内容が盛り込まれているかどうか、適切な方法で行われているかどうか、適切な成績評価が行われているか等を専門的な観点から審査し、認証する仕組みを構想する」とされており、研修内容の事前・事後審査が予定されている。これまで、大学の高い裁量によって実施されてきた免許更新講習に比べて、研修の内容統制の進むことが予想される。

また、③に示された研修履歴の証明に関しても「個々の研修の履歴だけでなく、教師がこうした証明を受けたことも、研修受講履歴管理システムに記録し、任命権者や服務監督権者・学校管理職等が積極的に活用できるようにする」とし、教員がいかなる内容の研修を受けているのかを統制する仕組みが提言されている。研修履歴の管理システムの高度化により、教員の研修履歴にとどまらず、教育観の管理までが可能となる恐れがある。

これら教員研修への統制強化は、行政研修を断る教員への制裁措置にもみることができる。「審議のまとめ」では、「特定の教師が任命権者や服務監督権者・学校管理職等の期待する水準の研修を受けているとは到底認められない場合は、服務監督権者又は学校管理職等の職務命令に基づき研修を受講させることが必要となることもありえる」としている。その上で、職務命令に従わない場合は、「事案に応じて、任命権者は適切な人事上又は指導上の措置を講じる」とされており、懲戒処分を後ろ盾とする強制研修を実施することが想定されている。

さらに、②に示された研修のプラットフォーム形成にも注意を要する。「審議のまとめ」では、「学習コンテンツには、教育委員会等から無償で提供されるものだけではなく、大学等が有償で提供するものも含まれうるものであり、課金の仕組みなども整える必要がある」とし、プラットフォームを通じた多用な提供主体の関与が構想されている。ここでは「大学等」とされているが、民間営利企業を含めた関与が想定され、教員研修の民営化、ビジネス化が促進されることが懸念される。また、有償コンテンツへの「課金システム」が是とされているように、そこでは研修費の自己負担化への途も開かれている。

こうした免許更新制廃止後の研修体系の構築には、教員研修への内容審査、研修履歴管理を通じた徹底した支配と、研修を民営化、自己負担化する「安上がりな研修制度」という双方の顔をみることができる。

免許更新制が教員の負担となっていることは事実であるものの、そもそも一〇年に一度の更新講習の受講さえも困難としている教員の多忙化を解消することこそが先決ではなかろうか？また、教師の研修とは、本来的に自主的なものであり、勤務時間内に職務として自主的に行われる研修こそが奨励されてしかるべきであろう。第3章でみたように、教育公務員特例法二二条二項に示された校外自主研修の根拠規定が死文化している状況こそが改善されなければならない。これまでの教育政策が、むしろ教師の「主体的な学び」を圧殺してきたことこそが反省されてしかるべきであろう。

5 「教師が教師でいられない世の中」を変えるために

アメリカの公教育の崩壊を分析し、日本の教育改革に警鐘をならす鈴木大裕は、全米で猛威を振るう学力テスト政策下での教育状況を「教師が教師でいられない世の中」であると指摘し、専門性が高い教師ほど、教師という仕事を去っていくという実状を論じている。そこでは、良き教師たちが「私が教師の職を去るのではなく、教師という仕事が私を去っていった」という台詞を残し教職を辞することが、アメリカ教育改革の悲劇として伝えられている。(17)

このような「教師が教師でいられない世の中」は、日本の教員の多忙化を象徴する言葉ともいえるだろう。過酷な労働環境や、学校・教師批判に乗じて強化されてきた教育現場への支配構造は、教師が教師としての仕事を遂行することを不能としつつある。こうしたなか、教職を去らないまでも、教育活動を「諦める」という対応を余儀なくされている教師たちが多く存在する。誤った「働き方改革」論もまた、正規の勤務時間厳守を理由に業務削減を至上命題とし、子どものための教育活動をも教師たちに「諦めさせる」ことに帰結しうる。しかし、より深刻な問題は、このような過酷な労働環境が、教師が自らの仕事を放棄したり、またその隠れ蓑となったり、支配の構図に疑問なく乗じることをも許容してきたことにある。

序章にみたような、子どものニーズや親の要望に寄り添わない教師の実践に問題があることは疑いようがない。だが、そのような教師をして「○○くんだけに付き添っていることはできない」と言わせることを許容する労働環境や、教師個々の専門的教育判断を封殺する支配の構造が、現在の学校には存在している。その意味で、これらの労働環境や支配構造は、教師が教師の仕事をしないための逃げ道を提供してきたともいえるだろう。そして子どもや親に丁寧に向き合おうとする教師たちは、むしろ、このような労働環境や支配構造に順応できない「不適格」な教師として、その教育観を脱ぎ捨てることを余儀なくされるか、学校組織のなかで孤立するしかなかったといえる。子どもや親のニーズに向き合おうとする教育観をもつ教師たちと、これをスルーすることもやむなしとする教師たちとの価値対立があったときに、この労働環境と支配構造は、後者に軍配を上げ、前者に「困った教師」のレッテルを貼る役割を果たしてきた。

私たちはその意味で、各教師の個々人の努力を求めるだけでなく、過酷な労働環境や上からの支配を、子どもや親に寄り添わない教師の隠れ蓑や正当化理由にさせないための制度的条件を整えることが必要なのだ。

それゆえ、一人一人の子どもの成長、発達を大切にしながら、子どもや保護者の声、ニーズに応えられる、そのような「教師らしい教師」を私たちが求めるためには、それを阻害している、あるいは、そこから逃避することを許容するような過酷な労働環境や学校への支配構造を打破しなければならない。子どものニーズに応えない学校現場の問題を、真に教師の資質や意識の問題として問える(あるいは対話できる)レベルに到達するためにこそ、教師の労働条件の改善と教育活動の自主性、自律性の保障が求められる。そして、そもそも、子どもや教育を大切にしない、政府の「体たらく」こそが問われてしかるべきであろう。教師個人の力量や責任を国の政策課題として問うのは、それからではなかろうか?


【注】

(1) 青木宗也「教職特別措置法―労働法学の立場から―」『日本教育法学会年報』二号、一九七三年、七七頁。同旨、牧柾名・三輪定宣・土屋基規編『現代法コンメンタール教育法V 免許法・教職給与特別法』成文堂、一九七八年、二〇一―二〇二頁(三輪執筆)。

（2）萬井隆令「教員の労働と給特法—運用の実態と問題点—」『労働法律旬報』一九二六号、二〇一八年、一二頁。
（3）静岡県教員超勤手当請求事件（最一小判昭四七・四・六民集二六巻三号三九七頁）。
（4）一九七一年五月二一日第六五回国会参議院文教委員会会議録一八号一四頁。
（5）また興味深いことに、二〇一九年給特法改正による一年単位変形労働時間制の導入が質疑された衆議院厚生労働委員会（二〇一九年一一月二二日）においても、公立学校教員の労基法三六条の適用が問題となり、「労基法の三十六条は、公立学校教員を含む地方公務員は地方公務員法上適用除外になっていますか」（宮本徹委員）との質問がなされた。これに対し、厚労省からは「同条につきましては地方公務員法においては適用除外とはされていないものと私どもは承知をしております」（坂口卓厚生労働省労働基準局長）との答弁がなされ、公立学校教員にも労基法三六条が適用されることが確認されている（二〇一九年一一月二二日第二〇〇回国会衆議院厚生労働委員会議録六号三二頁）。
（6）「乗ずる数」について緻密に論じるものとして、山﨑洋介「真に求められる少人数学級制の内容・方法に関する考察と提言」『日本教育法学会年報』五〇号、二〇二一年、一三二頁。
（7）朝日新聞朝刊二〇一八年一二月二四日。
（8）他方、文科省と財務省の力関係をもとに、給特法廃止が固定的予算を手放すことになるため得策ではないことを示唆するものとして、青木栄一『文部科学省—揺らぐ日本の教育と学術—』中公新書、二〇二一年、一八五頁。
（9）これらの立法論と財政論の詳細については、世取山洋介・福祉国家構想研究会編『公教育の無償性を実現する—教育財政法の再構築—』大月書店、二〇一二年の各章を参照。
（10）同様の観点から改正給特法の問題を指摘するものとして、清水敏「地公法および給特法の改正と労働基本権」『季刊労働者の権利』三三五号、二〇二〇年、四九頁。
（11）例えば、青木宗也「教育労働と勤務時間」『季刊教育法』一〇号、一九七三年、一七六頁、三輪定宣「授業時間削減と教師の勤務時間」『季刊教育法』二二四号、一九七七年、三四頁。
(12) 佐藤三樹太郎『学級規模と教職員定数』第一法規、一九六五年、一一七―一一八頁。
(13) 二〇一六年一一月一日第一九二回国会衆議院文部科学委員会会議録五号六頁。
(14) 毛塚勝利「労基法労働時間法制からの脱却を」『日本労働研究雑誌』六九〇号、二〇一八年、七七頁。また、この「生活時間」にもとづく教職員の働き方改革を提言するものとして、連合総研『とりもどせ！ 教職員の「生活時間」―日本における教職員の働き方・労働時間の実態に関する研究委員会報告書―』連合総合生活開発研究所、二〇一六年。
(15) 堀尾輝久・兼子仁『教育と人権』岩波書店、一九七七年、三二九頁。
(16) 給特法問題は、正規採用教員を主たる対象とする法的問題であるが、非正規教員の拡大という教職全体の崩壊状況もまた直視しなければならない。公立学校における非正規教員の拡大は「非正規教員問題」ではなく、教職全体の労働条件低下と身分不安定化であり、制度的崩壊状況を示している。これを非正規で雇用される教員固有の問題として扱うのではなく、教職全体にわたる問題として捉え直す必要があるといえるだろう。この問題に先駆的に取り組むものとして、原北祥悟「公立小・中学校における非正規教員の任用傾向とその特質―助教諭の運用と教職の専門職性をめぐって―」『日本教育経営学会紀要』六二号、二〇二〇年、六〇頁。また、学校における非正規教員への依存とその要因については、佐久間亜紀・島﨑直人「公立小中学校における教職員未配置の実態とその要因に関する実証的研究―X県の事例分析から―」『教育学研究』八八巻四号、二〇二一年、二一八頁。
(17) 鈴木大裕『崩壊するアメリカの公教育―日本への警告―』岩波書店、二〇一六年、一四〇―一四一頁。

あとがき

子どもにとって、学校がつらい場所ではなく、生きることを楽しいと感じられる場所であってほしい。そのために、子どもや親・保護者のために、文字通り懸命に教育活動にあたる教師たちに、少しでも追い風を送れるような研究に従事したい。わたしにとって、それが教育法学という学問を志す率直な動機であった。

ここまでお読みいただいた読者にはお分かりのように、本書は、教師を聖職者とみなし、無定量な労働を受容させようとする本でも、教師を単に労働者とみなし、労働法の一般原則を機械的に適用しようとするものでもない。むしろ、教師自身の権利や人権が尊重されていないところでは、子どもの権利や人権も尊重されえないという、教育法学が従来から主張してきた「あたりまえ」の観点から、教師の働き方をめぐる法的問題を検討してきたに過ぎない。

学校が「ブラック」であると指摘されて久しい。たしかに、学校がブラックな文化を内包していることは確かであろうし、学校教員の意識がそれに染まってしまっている一面もあるのかもしれない。しかしながら、本書全体で強調したかったのは、学校や教師がそもそも「ブラック」なのではなく、「ブラックな教育政策」が学校を「ブラック」に染めあげてきたという事実である。その意味で本書は、表面に顕れている「ブラック」な事象の告発にとどまらず、そのような事象を生み出している構造自体の問題を示すことを目指してきた。そして、この構造を打破し、現状を切り拓く方途として、司法を通じた教育政策形成の可能性を論じることも課題としてきた。その結果、本書が、どこまで現状にあえぐ子ども、親・保護者、そして教師たちに明日への展望を見出すきっかけをつくれたのかは、読者諸氏のご批評を待つしかない。

本書執筆当初は、Ⅳ部立て構想とし、教員免許更新制、人事評価、そして、新型コロナウイルス対応のなかで激化する教師の労働負荷の問題を扱う予定であった。また、第Ⅰ部に小・中学校教員とは相対的に独立した高校教員の給与問題を扱う章を備えていたが、いずれも紙幅の関係上、割愛せざるを得なかった。さらには、本文でも言及したように、非正規雇用の教職員の労働条件をめぐる問題については十分に扱うことができなかった。その意味で本書の内容は限定的であったと言わざるをえない。本書で扱いきれなかった諸問題の検討、さらには、これを是正するためのより具体的な方途の提示については、他日を期したいと思う。

本書各章の初出一覧は以下の通りである。いずれも大幅な加筆、修正を施している。

第1章・第2章　「第5章　教員給与の法的仕組みと問題」世取山洋介・福祉国家構想研究会編『公教育の無償性を実現する―教育財政法の再構築―』大月書店、二〇一二年、二三六―二七五頁。

第3章　「教職員の『多忙化』をめぐる法的問題―給特法の構造、解釈、運用の問題―」『法学セミナー』七七三号、二〇一九年、一八―二四頁。

第4章　「改正給特法総論―『異質』な一年単位変形労働時間制導入の問題―」『現代思

想』四八巻六号、二〇二〇年、一一四―一二六頁。
第5章 「公立学校教員の労働時間概念―労働基準法を潜脱する改正給特法の問題―」『日本労働研究雑誌』七三〇号、二〇二一年、一四―二五頁。
第6章 「公立学校教員の超勤問題再考―意見書：『超勤4項目』外業務の『労基法上の労働時間』該当性について―」『季刊労働者の権利』三三九号、二〇二一年、八八―一〇一頁。
第7章 「『聖職』神話への挑戦―埼玉教員超勤訴訟10・1判決の意義と課題―」『世界』九五一号、二〇二一年、二一七―二三〇頁。
第8章 「団体交渉モデルによるアメリカの教員勤務時間管理法制―ニューヨーク市学区団体交渉協約の分析―」『季刊教育法』二〇八号、二〇二一年、一二一―一一九頁。
序章・終章　書きおろし

また、本書は、日本学術振興会の科学研究費補助金 JP20K02507、JP19H01624、JP20H01628による助成、ならびに、日米教育委員会の二〇一六年度フルブライト奨学金(研究員プログラム)による研究成果の一部である。

思えば、アメリカの教員組合と労使関係法をテーマとした博士論文を、二〇一一年に単著(『現代米国の教員団体と教育労働法制改革―公立学校教員の労働基本権と専門職性をめぐる相克―』風間書房)として出版してから、すでに一〇年以上が経過した。本書の執筆にあたっては、前著の公刊までにお世話になった諸先生方の変わらぬご指導とご支援があったことはいうまでもない。また、勤務校の埼玉大学では、所属部局をこえて多くの同僚・学生諸氏よりご支援をいただいてきた。この場をかりて改めて感謝を申し上げたい。

他方、前著から本書の出版までの間には、身辺での大きな変化もあった。わたしにとって、最も甚大な出来事が、二〇二一年一一月に、学生時代から長年お世話になった世取山洋介先生が急逝されたことであった。世取山先生は、わたしにとって実質的な師匠と呼べるほど大きな影響を受けた研究者であり、日本教育法学会での研究活動を通じて、幾度となく厳しくも温かいご指導をいただいた。前著出版の折には、「自分自身の主張がちゃんとされていない」とお叱りを受け、他の論考を執筆した際には「僕の論文を引用しすぎだ」と苦言を呈されたこともあった。わたしなりに解釈するならば、これらはいずれも「社会責任を担う独立した研究者に、はやくなれ」ということだったのだと思う。本書は、わたしなりに世取山先生のご指導に応えたいという気持ちで執筆してきたが、刊行前に先生が急逝されたことは本当に残念でならない。

世取山先生は、子どもが「ねぇねぇ」と言ったときに「なぁに」と応答してくれる大人が側にいること、それこそが「子どもの意見表明権」の核心であり、子どもの権利を保障することなのだと説かれてきた。そのような、子どもと教師の直接の人間関係の成立こそが本書が追究してきた学校の姿であるともいえるだろう。この間、いかに世取山先生の引用ではなく、自分なりのオリジナリティを研究に示せるかということを課題としてきた。しかしながら今後は、世取山先生のご研究に学んできたことを遠慮なく引用しながら、わたしたち以降の世代のなかにも、世取山先生に生き続けていただきたいと思う。

別れがあった一方で、この一〇年の間に、自分の研究者人生に大きなインパクトを与える新たな出会いもあった。その一つが、二〇一三年春の鈴木大裕さんとの出会いである。当時、コロンビア大学の院生であった大裕さんが、『人間と教育』という教育誌に、「アメリカ公教育の崩壊」と題する連載をされており(のちに、『崩壊するアメリカの公教育―日本への警告―』岩波書店、二〇一六年として刊行)、それを読んだときに「この人に会ってみたい」と強く思った。そして、同誌の編集担当をされている先生に連絡先をうかがい、はるばるニューヨークに会いに行った。

大裕さんが集合場所に指定したのは、かつて犯罪多発地域とされていたハーレム地区のど真ん中、地下鉄一番線の125ストリート駅であった。そのときは、なんと非常識なものかと思ったが、まさかその数年後にこの地域に自分自身が居住し、保護者として自分の子どもをこの駅から最寄りの公立小学校に通わせることになるとは想像もしていなかった。そのような米国滞在への直接の契機となったのは、紛れもなく大裕さんとの出会いである。わたしの長期滞在中に大裕さんはすでに高知県土佐町に移られていたが、しばしニューヨークに残られたご家族の方々にも、また現地の素晴らしい人々にも大変お世話になった。

大裕さんは、現在、土佐町議会議員として地域発の教育改革、社会運動を牽引されている。その後も、互いの研究を論評し合う貴重な機会をいただき、「土佐町で日本の教育の未来を考え、(飲んで)語り合う合宿」を通じて交流させていただいている。この合宿を通じて出会った現場教師たち、学校に疑問を抱える親・保護者たち、さらに地域の教育運動を支える市民の方々との交流は、本書にも多大な影響を与えている。鈴木大裕さんとの出会い、そしてかれを通じて出会った方々との貴重な時間に、心より感謝したい。

また、この米国滞在中に師事させていただいたコロンビア大学教授のマイケル・レベル(Michael A. Rebell)先生にも特筆して御礼を申し上げたい。二〇一六年初頭にレベル先生のオフィスを訪れ、客員研究員としての受入をお願いした際は、非常に緊張し、額に汗が流れたのを覚えている。レベル先生は、「客員研究員を迎えた経験がない」と言いながら、わたしの受入研究者となることを快諾し、かれが開講する「教育改革における裁判所の役割」(Role of the Courts in Education Reform)と題する講義に招き入れてくれた。そこで先生は、アメリカの教育政策が、子どもの教育を受ける権利を保障するために、訴訟運動を通じていかに是正されてきたのかを、大河ドラマのように論じてくれた。本書が示した司法による教育政策の是正、さらには、埼玉教員超勤訴訟を通じた教育財政訴訟への発展というコンセプトは、この講義への参加とレベル先生との交流が契機となっていることはいうまでもない。

米国からの帰国直前に、日本教育法学会の事務局よりレベル先生の招待講演の仲介を依頼されたが、先生はこれを快く引き受けてくれた。これにより、二〇一八年五月に日本教育法学会第四八回定期総会にて、レベル先生の講演会を実現することができた。通訳として帯同しながら、レベル先生に、日本の教育法研究者と交流いただき、現在の日本社会が抱える問題をご理解いただくなかで、「サトシが、なぜわたしのところにきたのか、日本に来て、とてもよく分かった」と言われたことは、その後の研究の大きな励みとなった。現在でもなお、レベル先生が主席代理人を務める連邦訴訟の進捗状況をメールで共有いただき、出版前の論考を拝読させてもらうなどの貴重な機会をいただいていることは、この上ないよろこびであると同時に、「君の研究をもっと進展させよ、日本での教育財政訴訟を早く展開せよ」と、ご指導をいただいているものと受け止めている。レベル先生のご指導に心より感謝申し上げるとともに、日本での教育財政訴訟の展開、という先生のご期待に少しでも応えられるよう尽力していきたい。

さらに、コロンビア大学滞在中に、当時、大学院生であったダニエル・ファーガソン(Daniel E. Ferguson)さん、そしてそのご家族と出会えたことは、本当にありがたい出来事であった。その後、ファーガソンさんは、ジョージメイソン大学の教員になられ、日本学術振興会の外国人招へい事業にてご家族で来日いただき、これまで取り組んだことのない領域での共同研究をさせていただいた。研究上の交流はもちろんのこと、ファーガソンさんご一家とともに、家族ぐるみでご交流いただいていることに特筆して御礼申し上げたい。

そして本書の執筆にあたっては、その重要な契機として、埼玉教員超勤訴訟の原告である田中まさお先生(仮名)、ならびに、当初から原告代理人として二人三脚の訴訟運動を展開されてきた若生直樹弁護士との出会いがあった。訴訟を起こすためにたった一人で弁護士を探すところからはじめられた原告と、労働裁判としてはあまりにも難易度の高い教員の超勤訴訟を引き受けた弁護士。このお二人の出会いがなければ、教員の超勤問題がここまで社会問題として認識されることもなかったであろうし、本書を執筆するタイミングもなかったかもしれない。

現職教員として、校長や教育委員会を相手に訴訟を起こすことは、本当に勇気が必要であったろうし、その弁護を担当することにも相当な覚悟があったと思う。田中まさお先生は「現在の学校教員の働き方を、次の世代に引き継いではならない」と主張するが、実際にお目にかかった際に、その率直な思いと、決意の強さを感じた。田中まさお先生は、いまだに実名もご自身のお顔も公表しないで活動にあたっている。その理由を聞くと、「田中まさお」という存在は、もはや原告一人の存在ではなく、学校を変えようとする現職教員という「象徴」なのだ、と言う。

これは、原告がカネや名誉のために訴訟を起こしているのではないことを物語るエピソードの一つに過ぎないが、田中まさお先生と若生弁護士の並々ならぬ決意を目のあたりにし、わたし自身、突き動かされるものがあった。わたしは研究者として、この訴訟にどのように貢献できるのか、何ができるのか、と。この訴訟において、鑑定意見書を裁判所に提出し、専門家として証人尋問を受けるという機会をいただけたことは、自分の研究の社会的意義がどこにあるのか、あるいは、研究者としての社会的責任を果たせているのかを改めて自問する重要な契機となった。お二人の勇気ある行動により、教員超勤訴訟という「社会プロジェクト」に関わる機会をいただいたことに改めて御礼申し上げたい。

ところで、わたし自身もこの訴訟がはじまった後に、田中まさお先生と若生弁護士の勇気ある行動に魅せられた人間のひとりにすぎないが、その後、鈴木大裕さんの主催する合宿にて知り合った江夏大樹弁護士が訴訟代理人の一人に加わり、また、石原悠太さんをはじめとする四人の学生たちが訴訟の支援事務局を組織することとなった。この訴訟の社会的重要性を認識して、ほぼ無償で代理人に加わった若き気鋭の弁護士と、これを支えようとする学生たちの姿は、まさに日本の公教育の明るい未来を予期させるものであった。さらに、石原さんをはじめ、学校現場を憂慮する学生たちの主催によって開かれた会合では、細川暁子さん、工藤祥子さんという、他領域から同様の社会問題にアプローチする偉大な人物との出会いもあった。わたしは、自分よりも若い世代の方々をふくめ、多くの人々に影響をうけ、そして支えられているのだというこをつくづく実感する。「教員の働き方」という社会問題に対峙するなかで、多くの同志を得られたことに、心より感謝申し上げたい。

本書の出版にあたっては、岩波書店の大竹裕章さんと同社編集部の方々に多大なるご理解とご協力をいただいた。特に、大竹さんには、届けた原稿を詳細かつ、精確にご確認いただき、どうしても学術論文調となってしまう文章に大変有意義なご指摘や修正案をいただいた。その意味で、本書は大竹さんとの「合作」ともいえるだろう。本書の編集を通じて大竹さんとお仕事をさせていただいたことに、記して御礼申し上げたい。

なお、私事にわたり恐縮であるが、未熟な人間である著者に、いつも対等に関わってくれる妻と、わたしたちそれぞれの両親、そして、子どもたちに心から感謝したい。親になる、という尊い時間をくれて、本当にありがとう。

二〇二二年春

髙橋 哲

高橋 哲（たかはし・さとし）
1978年生．埼玉大学教育学部准教授．博士（教育学）．日本学術振興会特別研究員，中央学院大学専任講師，コロンビア大学客員研究員（フルブライト研究員）等を経て現職．専門は教育法学．著書に『現代米国の教員団体と教育労働法制改革―公立学校教員の労働基本権と専門職性をめぐる相克―』（風間書房），共著に『迷走する教員の働き方改革―変形労働時間制を考える―』（岩波ブックレット），共訳書にジャック・ジェニングズ『アメリカ教育改革のポリティクス―公正を求めた50年の闘い―』（東京大学出版会），分担執筆に日本教育法学会編『コンメンタール教育基本法』（学陽書房），ほか多数．

聖職と労働のあいだ―「教員の働き方改革」への法理論

2022年 6月10日 第1刷発行
2022年12月 5日 第2刷発行

著 者 高《たか》橋《はし》 哲《さとし》

発行者 坂本政謙

発行所 株式会社 岩波書店
〒101-8002 東京都千代田区一ツ橋2-5-5
電話案内 03-5210-4000
https://www.iwanami.co.jp/

印刷・精興社 製本・松岳社

ISBN 978-4-00-061538-9 Printed in Japan